愛もお金もすべて手に入る

美しく自由な女になる方法

澤口 珠子

はじめに

大好きな人に愛されたい。
誰からも好かれるような素敵な女性になりたい。
わたしらしさを活かせる仕事をしたり、好きなことを仕事にしたい。
人間関係の悩みから解放されたい。
もっと豊かになりたい。
そして、わたし自身を大好きになりたい……。

あなたは、そんな気持ちを抱いていませんか？
がんばっている女性の多くが、こういった悩みを抱えていることが多いのです。
周囲の女性が生き生きと活躍していたり、幸せそうにしていたりするように見え、「それに比べてわたしは……」と、だんだん自信を失ってしまっている人が多くいます。

でも、そんな想いを持っているのは、あなただけではありません。

わたしは婚活専門のイメージコンサルタントとして、多くの生徒さんに**"自分を大好きになって、大好きな人に愛される方法"**をアドバイスしています。
そして、わたしの講座に通ってきてくださる生徒さんのほとんどが、あなたと同じような悩みを持っているのです。

これらの悩み、実は**「マインド」を育てることで、すべて解決される**ようになります。
愛する人に愛されること、仕事や人間関係がうまくいくこと、お金を得ることなどは、一見まったく関係ないように感じますよね？
でも、潜在意識や心理学について学ぶと、**すべてつながっている**ことがわかります。
マインドを育てることで、まず**自分のことが大好きになり自信が持てるようになります。**
無理せず心地良く付き合える人間関係が築け、合わない人は自然と離れていきます。ものごとが自然といい流れで進む

はじめに

ようになり、いつのまにか**仕事もプライベートもうまくいくようになる**のです。

すると、あなたの良い面に磨きがかかり、得意なことを活かしたり、好きなことを仕事にできたりするようにもなります。

結果、**金銭的にも豊かになって自由度が増し、ますますあなたが輝く**ようになるのです。

もちろん、あなたの女性としての魅力も開花しますから、内側から美しさと優しさがにじみ出るようになります。

すると、**素敵な人に見初められることも多くなり、大好きな人にも愛される**ようになるのです。

そんな、すべてを可能にする「マインド」とはなんでしょうか？

マインドとは、「自分を大切に思う」ことや「自分は大切にされる価値がある」と信じられること。
「自尊心」、「自分を愛する力」とも言い換えられると思います。
マインドを育てるには、自分をきちんとわかってあげることが重要です。
そして、**自分自身を大切にすること、自分がすばらしい存在であること**に気づくことでも、マインドを育てることができます。
本書では、わたし自身の体験と本レッスンの生徒さん約600人、体験会やセミナーなどに参加された3000人以上の女性を指導してきた経験から生み出した、"マインドを育てるための方法"をご紹介します。

ここで、わたし自身のことを、もう少しお話ししておきましょう。
わたしは婚活に特化したイメージコンサルタントとして、女性が本来の輝きを取り戻すための内面＆外見のレッスン、
「愛されマインド」
「異性心理コミュニケーション」

「ファッション」
「パーソナルカラー」
「結婚相談コンサルティング」
などをおこなうサロンを主宰しています。
全員がアラフォーだった1期生は、みな1年以内に結婚。
レッスンを修了するまでに彼氏ができる生徒さんの割合は60％以上です。
お陰さまで結婚相談所をはるかに上回る成婚率を誇り、今やサロンはベビーラッシュ。毎日楽しくお仕事をさせていただいています。
プライベートでは、わたしの真の理解者であり、全力で応援してくれている最愛のパートナーに恵まれ、お互いの幸せを自分のことのようによろこべる仲間にも囲まれています。
もうすぐ40代になりますが、10代、20代の頃よりも、「今のわた

しは自分史上最高な存在である」と自信を持って断言できます。
どうしてそんなに自信たっぷりに思えるのでしょう？
それは、わたしが「マインド」を意識して育ててきたからです。

実は、「はじめに」の冒頭でお伝えした**「自分のことが好きではない、自分に自信のない女性」とは、まさに20代前半までのわたし**でした。
そんなわたしの人生を変え、マインドを育てるきっかけになったエピソードが2つあります。

まず1つ目は、16キロのダイエットに成功したこと。
かなり太っていたわたしは外見にまったく自信が持てず、自分のことが大っ嫌い。まさにコンプレックスのかたまりでした。

可愛い服はサイズがありませんから、着ることはできません。選べるのは楽に着られるものや締め付けがないものばかり……。いつしか自分の外見にも、お洒落にも無頓着になっていました。
当然、男性からモテませんし、女性扱いもされません。同級生の女友だちがキラキラ眩しくて「それに比べてわたしは……」と、自分と女友だちを比べては暗い気持ちになっていたのです。

「**変わりたい！　このままの人生では嫌だ!!**」

そう強く思ったわたしは、大学の卒業をきっかけに本気でダイエットを開始。2年かけて16キロの減量に成功し、「大変身」を遂げたのです。

外見が変わったことで、それ以上の変化がわたしに訪れました。それは、**内面の変化**です。
痩せたことで**自分に自信が持てるようになり、自分のこ**

とが好きになって、積極的に行動できるようになりました。

２つ目のきっかけは、婚約破棄になったこと。
自分に自信を持てるようになり、自分が大好きになったわたしは、驚くほどモテるようになりました。男性から女性として、大切に丁寧に接してもらえるようになりましたし、人間関係も変わっていったのです。

それからのわたしは、それまでモテなかった暗黒時代を取り戻す勢いで「出会い活動」を開始。まったくモテない人生だったので、男性からアプローチされたり、１人前の女性として大切に扱われることが、楽しくて仕方がありませんでした。
その頃のわたしの夢、「高学歴＆高収入の素敵な男性と結婚し、専業主婦になる」を目指し、仕事をするのは周囲に迷惑をかけない程度。「専業主婦」を人生ゲームのあがりだと思い込んでいました。

数年後、希望どおりの男性と出会い、プロポーズをされたのが29歳の時。
相手の男性は、地方で家業の医院を継ぐ予定のお医者さまでした。ザ・リッツ・カールトン東京で、1.5 カラットの婚約指輪と花束で夢のようなプロポーズ。まさに

Dreams come true ！　のはずでした。
しかし、彼のお母さまの大反対にあい、30歳の誕生日の2ヶ月前に婚約破棄となってしまったのです。

この婚約破棄をきっかけに、わたしは自分の人生を見つめなおすことになります。

婚約破棄後は人生のどん底状態。
専業主婦になることしか考えていなかったので、将来のビジョンや夢、キャリアも経験も資格も、何もありませんでした。
不安と焦りにかられたわたしは、あらゆる自己啓発書やビジネス書を読みあさりました。

そしてたどり着いたのは、1つの真理でした。

「現在のわたしは、この世に生まれてから今までにしてきた、わたし自身の選択の結果でできている」

もちろん、親や先生に言われて選んだものもあったでしょう。でも、最後は自分で決めて自分で選んできているのですよね。
ならば、その**「選択」から変えなければ、なりたい自分、思いのままの人生を手に入れることはできない。**そう思ったのです。

そこでまず、日々、今までとは真逆の選択をすることにしました。これまでの自分だったら選ばなかったものを、わざと選ぶようにしたのです。

たとえば、夜型生活を朝型に切り替えたり、恋愛の本ではなくビジネス書や歴史の本を読んだり、合コンやパーティーではなく、勉強会やセミナー、ビジネス異業種交流会に参加したり。身近なところから徹底して選択を変えるようにしました。
そして、はじめて参加したビジネス異業種交流会で、わたしの今の職業である「イメージコンサルタント」とい

う職業を知ったのです。直感がピンッと反応したわたしは、すぐに勉強をはじめ、翌年5月、海外の国際資格試験に合格しました。
それから、怒濤の勢いで起業の準備をし、会社を辞め、今年で起業して5年目になります。

「20代で結婚して専業主婦になる」ことを夢見ていたわたしが、40代間近で仕事も恋愛もバリバリ現役、会社の代表取締役社長を務めている。
意図せず、**「マインドを育てる」ようになってからのわたしの人生は、想像以上の展開を見せ、人間関係も仕事も、お金も恋愛も、当時の理想のはるか上をいっています。**

人生は本当に「マインド」しだいです。
他人と比べたり、他人の価値観で生きていると、本当のあなたは見えなくなります。

この世界に「あなた」は、たった1人だけ。
あなたの代替品はどこにもありません。
あなたは、あなたのままでかけがえのない存在なのです。

そのことに気づきさえすれば、**あなたは"あなたを心から愛する男性"と、必ず結ばれるようになっています。**

一度だけ、わたしを信じてみませんか？
本書でお伝えする内容を、気になったところから1つずつ実践してみてください。**いつの間にか、あなたは"愛もお金も、理想どおりの幸せも手に入れたあなた"になっている**はずです。

毎日を健気にがんばる、他の人よりもちょっぴり不器用なあなたが、幸せになることを心から願っています。

澤口珠子

はじめに

CONTENTS

はじめに　　　　　　　　　　　　　　　　　　　　　　　　*002*

Chapter 1
恋愛・結婚を左右するのは あなたの「マインド」

人は変化を恐れる生きもの　　　　　　　　　　　　　　　020
「まちがった尽くし方」をしていませんか？　　　　　　　025
「わたしには価値がある」と本気で思えていますか？　　　028
大切なのは「マインド」を育てること　　　　　　　　　　034
恋愛・結婚がうまくいくかはマインドしだい　　　　　　　041
あなたが"すばらしい女性"であることに気づく　　　　　　045

Chapter 2
こんなところに現れる "低いマインド"のサイン

「昔からの友だち」を引きずっていませんか？　　　　　　054

受け身で生きていませんか？	**057**
人は「人任せ」がラク	**062**
他人の目を気にしすぎていませんか？	**065**
"群れる"ことに安心感を抱いていませんか？	**069**

Chapter 3
"毎日の習慣"から美しく自由になる

お気に入りの言葉で自分を持ち上げる	**074**
褒められたら素直に「ありがとう」と言う	**079**
ネガティブな言葉は使わない	**082**
とりあえずYESと言う	**086**
笑顔のギフトを振り撒こう	**090**
１人ひと褒めのすすめ	**093**
相手の名前をたくさん呼ぶ	**100**
愛されたいなら「先に与える」	**107**

Chapter 4
"環境デトックス"で美しく自由になる

部屋はいつもキレイにしておく	*112*
幸せ日記をつけよう	*115*
人間関係も4割断捨離する	*118*
女子会もデトックスする	*122*
他人の機嫌をとるのはもうやめる	*125*

Chapter 5
"在り方"を変えて「わたし」を大好きになる

男性に任せてみる ── 幸せ体質は甘え上手	*132*
選択に迷ったら「美しいと思うほう」を選ぶ	*136*
とにかく直感にしたがってみる	*139*
つらい記憶はポジティブに変換する ── 心を育てよう	*143*
「今」に集中しよう	*147*
ダメな自分も受け入れてあげる	*150*

運命は「自分で変える」と決める	**153**
執着しているなら、徹底的にやりきる	**156**
「正しさ」にとらわれない	**159**
起きることにはすべて意味がある	**163**

Chapter 6
大好きな人の"最愛の女"になって思いのままに生きる

手放したくない女性になる	**168**
「本物」に触れて直感を磨く	**172**
自分と異質な人と付き合う	**176**
両極端を楽しむ	**179**
初体験をたくさんする	**183**
おわりに	**187**

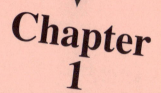

Chapter 1

恋愛・結婚を
左右するのはあなたの
「マインド」

**人は変化を
恐れる
生きもの**

「今の自分ではダメだとわかってる。いつも変わりたいと思っているのに変われない……」

あなたもそうでしょうか? でもご自分を責める必要はありません。なぜなら、**人はそもそも、変化を恐れる生きもの**だからです。

わたしたちのDNAには、急激な変化が起こると「元に戻ろう」とする本能が備わっています。本能的に「怖い」と反応するようにできているわけですね。
もちろん変化に対応する能力だってあるのですが、対応するには時間をかけてじわじわと、"継続"してなじま

せていく必要があるのです。そうでないと、またすぐに元の自分に戻ってしまいます。

1番怖いのは「何もしないこと」

変化を極端に恐れる人が本当に恐れているのは、変化ではなく、実は「失敗して傷つく」ことです。
誰だって傷ついたり、恥をさらすようなことは嫌ですよね。失敗をしてしまったことに対する他人の評価が気になったりもするかもしれません。
でも、失敗は本当に恥ずかしいことでしょうか？

わたしは生徒さんたちにこうお伝えしています。
「失敗は失敗ではありません。1番恐ろしいことは、失敗を恐れて何もしないことです」と。なぜなら行動しないと、変わるはずのことも変わらないからです。
成功の反対は、失敗ではありません。
「do nothing（何もしないこと）」です。

では失敗は何なのかというと、実は貴重な「feedback」（フィードバック）です。
フィードバックは、あればあるほどいいものです。すべ

て自分の経験として財産になりますから、たくさん経験したほうが豊かで、人としての魅力も確実に高まります。そしてその経験をもとに、次のアクションに移ることもできますから、失敗はたくさんしたほうがいいのです。

小さな失敗を重ねよう

よく、「好きな男性に告白して断られたらどうしよう」と悩む女性がいます。でも、**告白する前に何か行動していますか？** というのがわたしの質問です。

たとえば、学生時代に隣のクラスの男子を、話したこともないのに一方的に好きになってしまうという経験がありませんか？
わたしたちは大好きになるくらい、彼をいつも見ているわけですが、彼はわたしたちのことをほとんど知りません。きっと「隣のクラスの子」くらいの認識しかないはずです。その状態でいきなり告白してしまえば、「いやいや、まだお互いのこと知らないよね」と言われて玉砕することになります。

あなたにも似たような経験があるかもしれませんね。こ

れは小さなフィードバック（失敗）をせずに、いきなり大きな行動に出たため、得たい結果が得られなかったという典型です。
だから、まずは**小さなアクションや失敗を積み重ねたほうがいい**のです。そうすれば、いきなり付き合うことはできなくても、いい友だちになれるかもしれませんし、あるいは実際に彼のことを知ってみたら「思っていた人と違う」ということだってあるでしょう。

まず挨拶をするところからはじめるとか、名前と顔を覚えてもらうとか、LINEを交換するとか、自分ができる小さな行動からはじめてみましょう。

経験はすべてフィードバック

たとえ玉砕してしまったとしても、それもフィードバックになります。
「じゃあ、どうしたらいいんだろう？」と考え方を切り替えればいいのです。
すると、「もっと自分のことをうまく相手につたえなきゃいけないな」とか、「もっと自分を磨いて魅力的になろう」、「恋愛はいったんお休みして自分のやりたいこと

を見つけよう」など、**より輝ける自分になるためのフィードバックを得られる**のです。
そして、そんな風にがんばっている自分を愛おしく思えたら、あなたのマインドは立派に育ちはじめています。

もし何も行動せず、失敗の経験を積まずに歳を重ねていくと、人生は貧しくなる一方です。年齢とともに選択肢が減り、視野も狭いままなのでマインドも育たず、いつまでも自分に自信が持てないので恋愛も結婚もうまくいかない……。**すべてが減っていくしかない人生になってしまいます。**

失敗をたくさんすれば、心も強くなりますし、人生経験も豊かになっていろんな情報が入ってきます。
視野が広くなって選択肢もどんどん増えるでしょう。
先細りではない、豊かな人生を送れるようになりますよね。
だから失敗を恐れることは何もありません。
思いきって一歩を踏み出して、新しい経験をどんどんしてください。
人生は一度きり。やりたいことをやればいいのです。
そして、そこで出会う新しい自分を、ぜひ楽しんでいただきたいと思います。

「まちがった尽くし方」を
していませんか?

「彼が大好きだから、いつも尽くしすぎてしまう」というのは、恋愛中の女性にはよくありがちなことですよね。
でも、「わたしばかりががんばっていて、彼からは大切にしてもらえていない……」。
もしそう感じているのなら、あなたの尽くし方はまちがっているかもしれません。
本当に心地良い関係性は、互いに惜しみなく与え合うことができるものだからです。そこに利害関係はありません。

Chapter 1
恋愛・結婚を左右するのは
あなたの「マインド」

見返りを求めていませんか?

「彼にもっと好かれたい」そう思って与えているとき、あなたは無意識に見返りを求めてしまっているのです。
ちょっと厳しいかもしれませんが、**見返りを求めておこなう行為は、"与えている"のではなく、相手から"奪っている"こと**になります。
「これだけやったから、これだけ返してね」という、相手への要求になってしまっているのです。
だから、相手は心地良くありません。

本当に愛しているとき、人は自然に与えることができます。
たとえば、野生の動物のおかあさんは、獲物をとると、まず子どもに与えます。それが本当に「愛する」ということです。
相手を想っているから、与えずにはいられないのです。

見返りを求めてしまう人というのは、自分自身には愛される価値がないと思っていて、**誰かに何かを与えないと自分は愛されないと思い込んでいます。**
自分に自信が持てなくて、自己評価が低い。
つまりマインドが育っていないのです。

両親や元カレからのすり込みもあるでしょう。
「彼にとって良い彼女じゃないと付き合ってもらえない」とか、「両親にとって良い子じゃないと愛してもらえない」という考えがあるので、見返りを求めてしまうのです。優等生タイプや長女の女性にとくに多いと思います。

あなたが無理をして与えなくても、「ただそこに存在するだけ」で、あなたには愛される価値があります。
相手の顔色をうかがう必要なんてありません。あなたには愛されるだけの価値が十分にあるのです。

マインドを育ててありのままの自分を受け入れられるようになれば、お互い見返りを求めず、与え合うことのできるハッピーな関係が築けるようになりますよ。

Chapter 1
恋愛・結婚を左右するのは
あなたの「マインド」

「わたしには価値がある」と本気で思えていますか?

「がんばっているのに、わたしを好きになってくれない」
「わたしなんてぜんぜん美人じゃない」
「恋愛も仕事もパッとしない」
「うちの部署で結婚していないのはわたしだけ」
「学生時代の女友だちはみんな結婚してるのに……」

レッスンにいらっしゃる生徒さんたちから、よくこんなお悩みを聞きます。
でも、これって本当に悩みでしょうか?
他人と比べて、勝手にそう思っているだけではないですか?

そもそも、**他人と比較することは、まったくもって無意**

味です。
自分で自分の価値を見出すよりも、他人に評価をゆだねてしまったほうがラクですよね。

だから人と比べて「自分はダメだ……」と勝手に思い込んでしまっている人がいかに多いことか！ 外見のことであれ、仕事のことであれ、それはあなたを表す、たった一部分にしかすぎません。

でも事実、ほとんどのみなさんがこの比較で傷ついたり苦しんだりしています。

人との比較はまったく無意味

本来、比べるべき対象は自分しかいません。
「比べるべきは、昨日の自分」ということを聞いたことはありませんか？
昨日の自分より、今日の自分のほうが輝いているか、成長できているか。 大切なのはそこです。
わたしは生徒さんに、**自分史上最高の自分を目指しましょう**とお教えしています。
他人がどうであろうが、あなたはあなたなのですから、比べる必要なんてこれっぽっちもないのです。

わたしたちは競争社会で育ってきていますから、つい他者と比べて自分は……という発想におちいりがちです。でも、そういう考え方はもうこれを機会にやめてしまいましょう。

あなたはこの世界に唯一無二のすばらしい存在で、その存在自体が奇跡なのです。
ですから、ただあなたは存在するだけで、十分に価値があるのです。他人は、どうでもいいのです。

みんな違って当たり前

そう思っても、どうしても他人と比較してしまう……。
本書を手に取ってくださるような真面目でがんばり屋で優しい女性にかぎって、**頭ではわかっていても、また自分の思考パターンに戻ってしまう**ことが多いようです。

「女性は〇歳までに結婚したほうがいい」とか、
「結婚が女性の幸せだ」とか、
いったい誰が決めたのでしょうか？

日本ではとくに、「みんなと同じ」が良いとされがちで

すよね。突飛なことをすると、叩かれたり陰口を言われたりしてしまう。

でも海外では違います。その人自身の個性が尊重されます。だって、人はみんな違う個性の持ち主なのですから、違って当たり前ですよね。

あなたには、あなたの道を自由に歩む権利があります。他者からの評価に一喜一憂して生きる人生は、自分の人生なのに脇役を演じているようなもの。

一度きりのあなたの人生、看板女優として胸をはって生きましょう。

Chapter 1
恋愛・結婚を左右するのは
あなたの「マインド」

狭い世界から抜け出そう

わたしたちが生きる世界には、さまざまなコミュニティがあります。
会社のコミュニティ、家族のコミュニティ、学生時代からつづくコミュニティもあります。
わたしたちは、それぞれの場所でいろんな他者比較をされて育ってきました。
でも、コミュニティによって、自分への評価は違っていませんでしたか?
家では男兄弟のなかの女の子1人だから可愛がられていたけれど、学生時代のサークルでは女扱いされていなかったなど、評価はまちまちだったはずです。

つまり、**そこでの評価はあくまで、自分の一部分に対するものであって、あなたのすべてではない**ということ。
だったら、自分の価値がきちんと認められないようなコミュニティからは、さっさと去ればいいのです。
恋愛も婚活も同じです。自分が勝てるところで狩れば(活動すれば)いいのです!

婚活パーティに行くと、ダメダメな男性ばかりで辟易(へきえき)。

それなのにそんな男性ともマッチングできず、「自分は完全に売れ残りで女としての価値がないんだ」と自信をなくす女性がいます。

確かに、条件で判断されやすい婚活市場では、女性は年齢で判断されがちです。でも、それは"婚活市場では"というだけ。

そんな狭い世界での評価には何の価値もありません。

だって、男性の参加率が高い趣味をはじめたり、海外に行ったりした場合にはものすごくモテるかもしれないでしょう?

他者比較から抜け出せない人は、視野が狭くなっていることが多いのです。

あなたが今いるのは、ただの小さな池にすぎません。そこで比較していても、何の意味もないのです。

世の中にはたくさんの海や湖があります。

もっと視野を広げて、小さな池から大きな海へ泳ぎ出しましょう。

そして、**あなたの価値が本当に認められる場所で、あるがままのあなたを愛してくれる相手と、巡り合ってください。**

「今の自分を変えたい！」

そう思ったら、あなたは何をしますか？

多くの人が、まず外見を変えようと思うかもしれません。髪形やメイクを一変させれば、なんとなく自分自身が変わったような気になるものです。

国際イメージコンサルタントの資格を取得したわたしがまずはじめたのも、メイクやファッション、パーソナルカラー診断など外見のマンツーマンアドバイスでした。よくワイドショーなどでやっている"劇的ビフォーアフター"です。

でも、一日二日で外見をガラリと変えてみたところで、３ヶ月後に生徒さんにお会いすると、みなさん元に戻ってしまっているのです。
なぜだと思いますか？
それは、**マインドが育っていないから。**

人間はラクをしたい生き物です。短期間で外見だけを変えても、それを維持するマインドを持っていなければ、元に戻ってしまうのは当たり前なのです。
でも、心配はいりません。マインドを育てるスキルは、誰にでもすぐに実践できるものだからです。

たくさんの生徒さんたちを見てきてわたしが実感しているのは、恋愛も結婚も仕事もうまくいく女性は、

- ♥ マインド
- ♥ コミュニケーション
- ♥ 外見

この３つの女子力がバランスよくそろっているということ。
なかでも１番大切なのがマインドです。
レッスンでは、よくこの３つを木にたとえてお話しします。
外見は木を彩るお花。コミュニケーションは木の幹や枝

葉。相手の心に届くための枝葉ですね。そしてマインドは根っこの部分です。

根っこがしっかりしていないと、良い幹も枝も育ちませんし、花も咲かせられませんよね。
しっかりとしたマインドのベースがあってはじめて、コミュニケーションも外見も生き生きとしてくるのです。

「マインド」って何？

マインドは言ってみれば、ありのままの自分自身を受け入れる力です。**あなた自身のものの見方、考え方、在り方**とも言えます。
今のあなたのマインドは、意識的にも無意識的にも、この世に生まれてきた瞬間から現在まで、あなたが選択し、作り上げてきた"結果"なのです。
だからもし、あなたが今の自分を愛おしく思えないのなら、マインドがうまく育っていないということ。
どうですか？
あなたのマインドはどんな状態でしょうか？

実際、わたしのところにいらっしゃる生徒さんのほとん

どが、今の自分が嫌いで、コンプレックスがあって、自信がないとおっしゃいます。
でも、マインドを育てて、どんどん自分を好きになり、愛されるコミュニケーションを学び、自分を最大限に輝かせるメイクやファッションがわかるようになると、みるみる大変身してしまうのです。

マインドが育ってくると、つねに自分を大切に思い、自分には大切にされる価値があると信じられるようになります。
だから気持ちがいつも穏やかでポジティブでいられるようになります。ちょっとしたことにも落ち込まず、なんとかなると思えるようになるのですね。
そういう大らかな人は周囲からも愛されますよね。
結果的に、みなさん恋愛も結婚もスムーズに運び、自分の魅力を最大限に発揮した人生を送れるようになっています。

大切なのは「意志」と「行動」と「感情」

では、マインドを育てるためには何をすればいいのでしょうか？

まずは、「変わりたい！」という自分の意思をはっきりさせること。人は自分自身が変わりたいと思わないかぎり、他人から何を言われても変わらない生き物だからです。

次に、**素直に行動しつづけること。**
先ほど、マインドを木の根っこにたとえましたが、どんなにすばらしいアドバイスと情報、つまり栄養を与えられたとしても、それを素直に受け取って行動しなければ、マインドは変わりませんし、育ちません。

そしてもう1つ大切なのが、あなたの**「感情」を大事にすること**です。
ポイントは「感情」と「思考」を分けて考えること。
たとえば、生徒さんからよく「いい人だけど好きになれない」という相談を受

けます。こう悩んでしまうのは、実は**感情ではなく思考を優先してしまっているから。**そのままお付き合いをしたり、結婚したりすると、残念ながら不幸になってしまうことが多いのです。

思考は、過去の経験からできあがります。大げさなようですが、思考の判断基準はわたしたちのＤＮＡの欲求に依拠(いきょ)しています。その欲求とは、先にも述べたように少しでも長く生きること、つまり生命の存続です。

ですから、現状を維持しようとする本能の働きにより、これまでの経験値から思考がものごとを判断しようとします。
すると、思考ばかりを優先して感情が無視され、結果、どんどん心がつらくなってしまうのです。

幸せを受け取れるようになる

三位一体という言葉を聞いたことはありますか？
わたしたちは「肉体」「思考」「魂」の３つで成り立ってるという考え方です。肉体と思考は過去からの経験ででき、魂は感情からできているのですが、多くの女性が魂

の元となる感情を大切にできていません。

どうしたらうまくいくの？
失敗しないための方法は？
○○するのが正しい！
など、頭で考えて選択、行動ばかりしている女性は、「自分が本当はどうしたいのか」という気持ちを大切にできていないということ。
あれこれ考えて生きるよりも、感情にしたがって生きたほうが、あなたらしく輝いて生きられる——だからあなたのありのままの感情を受け入れられるマインドを育てることが大切になってくるのですね。

マインドが育ってくると、人としての器が大きくなります。すると幸せを受け取る量も多くなるのです。
同時に自分にも余裕ができるので、人に与えることが自然にできるようになります。
だから、周囲からも大切にされ、愛される女性になることができるのです。

自分を大切にできていますか?

結婚や恋愛がうまくいくかどうかにも、マインドが深く関係しています。

たとえば、恋愛関係になるとなぜか相手に大事にされなくて浮気されてしまうとか、都合のいい女になってしまう……という人は、マインドに問題があることが多いのです。

マインドが育っていないと、自分を好きになれず自信も持てないということは先ほどもお話ししましたが、考えてみてください。自分自身でさえ愛しいと思えないあ

なたを、他人が愛しいと思ってくれるでしょうか？

「鏡の法則」という有名なお話がありますね。
ミラーの法則とも呼ばれるこの法則は、**自分の人生に生じる出来事や出会う人たちはみんな、自分自身を映し出す鏡である**という心理学の理論です。
恋愛にも、この鏡の法則はそのまま当てはまります。
たとえば、自分のことを大事にしていれば、相手も自分を大事にしてくれるようになるのです。
逆に、相手ばかりを優先して自分をないがしろにしていると、相手もあなたの扱いをないがしろにし、結果として都合のいい女になってしまいます。
寂しさを埋める目的でパートナーを求めると、同じ目的の人が引き寄せられ共依存関係になり、健全なパートナーシップは築けません。まずは、**自分で自分を幸せにすること。それが、相手を幸せにすることにもつながる**のです。

結婚は人生の目的ではない

婚活コンサルタントのわたしが言うと不思議に思われるかもしれませんが、**結婚はゴールではありません！** 人

生の目的ではないのです。ただの通過点、人生をより豊かにする手段の1つにすぎません。

わたしはこれまで何百人もの「結婚したい女性」にお会いしてきたわけですが、確実に言えることがあります。それは、**結婚することが目的になっている人は、結婚できない**ということです。

当たり前ですが、結婚したあとに何十年もの人生があります。

大切なのは、結婚できるかできないかではなく、**大好きな自分で、胸を張って自分の人生を生きられるかどうか**なのです。

Chapter 1
恋愛・結婚を左右するのは
あなたの「マインド」

そのためには、まず自分がどう生きたいかが明確でないといけませんよね。精神的・経済的にも自立している必要があります。そのためにも、マインドを育てることが大切なのです。

マインドがきちんと育っている人は、自分の魅力をよくわかっていて、あるがままの自分を受け入れることができるので、自信に満ちて輝いています。
すると、やはり同じようにマインドがしっかり成長していて、自分に自信を持っているような器の大きな男性が現れるのです。

波長同通(はちょうどうつう)といって人は同じマインド（魂と言ってもいいですね）のレベルで引き寄せ合うもの。
だから自分を大好きになることが、大好きなパートナーを引き寄せる鍵なのです。

あなたが"すばらしい女性"であることに気づく

わたしのレッスンにいらっしゃる生徒さんは声をそろえて、「自分が好きなれない」「自分に自信がない」とおっしゃいます。
でもわたしから見ると、みなさんそれぞれ、とても魅力的で、すばらしい女性たち。ご自分の魅力に気づいていないだけなのです。
なんてもったいないことでしょう！

あなたの代わりは誰もいない

わたし自身もそうですが、人は自分のことが1番よくわ

かりません。
レッスンで自分の良いところを書き出すワークをおこなうと、多い人でも15個、少ない人だと5個ぐらいしか書き出せないのです。わたしから見たらあそこもここも魅力的なのに、本当にもったいないなといつも思います。
だからレッスンではよくこうお話しします。
あなたの代わりは誰もいないんですよ、と。

ピンチのときに真っ先に自分を助けられる人は自分です。24時間つねに一緒にいるのは、人生で最も長い時間を一緒に過ごすのは、自分です。
あなたを最も理解してくれる人は、あなた自身にほかならないのです。

養子制度もありますから、究極的には親子の替えもききます。そう考えると、旦那さんや彼氏の代わりはいくらでもいますよね。
でも、あなたの替えはどこを探してもいません。
あなたは世界で唯一無二の尊い存在なのです!
そもそも、精子と卵子が出会ってこの世に生を受けるのって、ものすごい確率です。いわば奇跡です。
そう思ったら、今自分がここに在るということがどんなに貴重ですばらしいかがわかると思います。自分を大切にし

ないなんていう選択肢は、消えてしまうはずなのです。
そして、わたしたち1人ひとりがみな個々にオリジナルな魅力を持っていて、同じ人は誰1人として存在しないのですから、魅力的でないわけがありません。
ですから**1番大切に、そして最優先すべきなのは、あなた自身**なのです。

長所も短所もまるごとあなた

そう言われても、まだ自分のいいところがわからない……。そんな方は、家族や地元の友人、趣味の友人、学生時代の友人、会社の同僚など、ご自分の周囲に聞いてみるのもいいと思います。

わたしたちは複数のコミュニティに属しています。そして、それぞれのコミュニティでさまざまな顔を持っています。彼氏に見せる顔は、親の前では見せませんものね。それらすべてがあなたです。ですから、それぞれのコミュニティの人たちに聞いてみると、たくさんの長所が発見できると思います。

たとえば、**友人にあなたのいいところを5個ずつ書いてもらいます。**男性、女性で視点が違うので、男女それぞ

れに書いてもらうといいでしょう。
すると意外な発見があるのです。

自分では短所で嫌だと思っていた部分が、他人には良いと思われていたということがよくあります。それに、人から「あなたのここが好き」と言ってもらえると、とてもうれしくて自信になるのです。

このワークがきっかけで、コンプレックスが自信に変わったという生徒さんがたくさんいます。自信ができて勇気を出してアプローチした結果、5年ぶりに彼氏ができた42歳の生徒さんも!

あなたもぜひ周囲の人に聞いてみてください。きっと思わぬ自分の長所がたくさんみつかるはずです。

相手探しは「自分をよく知る」ことから

自分の良いところを知るというのは、自分自身を知るということでもあります。
これは、マインドを育てて理想のパートナーに巡り合うためにも、大切なプロセスです。
だって、自分をよく知らなければ、どんな人が自分に合うのかわかりませんよね?
求めるべき相手がわからずに相手探しをするなんて、目的地がはっきりしないまま、旅に出るのと同じことです!

もし、世間一般で言われるような「年収がいくら以上で、大手企業に勤めていて、身長が高くて……」という思考優先の基準で理想の男性を探しているのなら、即刻やめましょう。あなたに合う男性は、そんな基準ではみつかりっこありません。
まずは、**あなた自身の魅力を存分に知って、感じて、自分を大好きでいられるマインドを育てましょう。**
そうすれば必ず、あなたにぴったりの男性が、引き寄せられるはずです。

恋愛・結婚よりも「自分らしく楽しむ」が大事

実は、わたしのところにいらっしゃるほとんどの女性が恋人探しや婚活に疲れて、暗い顔をされています。

長年彼氏がいない、恋愛経験がすごく少ない、結婚相談所に長く登録しているけれどうまくいかない、恋愛や婚活をはじめたいけどどうすればいいかわからない……などなど。みなさんドーンと落ちている状態でいらっしゃいます。
だから、「つらい」、「もうやめたい」とおっしゃるわけです。
でも、「そんな状態で相手を探している自分ってどうですか？」と聞くと「魅力を感じません」と返ってきます。そして「そのあなたをいいと思う男性ってどうですか？」と聞くと「魅力を感じません」と返ってくる。
これでは、うまくいくはずがないですよね。自身のマインドが弱りきっているわけですから。
だったら、思い切って**自分が楽しめることや生き生きとできることをする**のはいかがでしょう。

体を動かすのが好きであれば、マラソンやボルダリング

などのサークルにたくさん参加して、好みの男性がいるところを探してみる。とにかく、あなたが生き生きできる活動をするのです。
「がんばるのをやめたとたんに彼氏ができた」とか、「不妊治療をやめたとたん妊娠した」という話はよく聞きますね。
無理をして嫌々やっていたら、どんなことだってうまくいきっこありません。
嫌なことはやめて、自分らしく楽しみましょう。
そう開き直ることができたら、理想の男性がやって来るのです。

それに、好きなことや楽しいことをしていれば、少なくとも不平不満を言ったり、他人との比較はしなくなります。「○○さんには彼氏ができたのに、わたしには一向にできない……」なんて卑屈になることもなくなるはずです。

オープンで自分を存分に楽しんでいる人のマインドは、とても柔軟で魅力的です。
そういう人は誰から見ても輝いていますから、周囲から自然と愛されるようになります。そしてそこには必ず、すばらしい出会いがあるのです。

Chapter 1
恋愛・結婚を左右するのは
あなたの「マインド」

Chapter 2
こんなところに現れる
"低いマインド"
のサイン

「昔からの友だち」
を引きずって
いませんか？

あなたのまわりを見回してみてください。
最近できた友だちはどのくらいいますか？

変わりたいのに変われない。その原因の1つが友人です。振り返ってみるとわかると思うのですが、**昔からの友人とは、あなたが置かれた環境のなかで"与えられた人間関係"**です。

幼稚園や小学校では家が近い子と仲良くなり、中学高校、大学だったら同じクラスや同じ部活、同じサークルやゼミなど、与えられた環境下で育まれた関係性がほとんどですよね。

近いところにいる人ばかりですから、気が合えばものす

ごく親しくなれるかもしれませんが、広がりもありません。コミュニティが狭くて、閉じているからです。

友だちは自分で選ぶ

本当に自分を変えたいのなら、人間関係にも変化が必要です！
わたしたちはもう大人ですから、これから付き合う友だちは自分自身で選びましょう。積極的に出会いに行って、新しい友だちをどんどんつくったらいいと思います。

反対に、「疲れるな」「この人といるとネガティブな気持ちになるな」というような人とは、無理にお付き合いをつづける必要はありません。
自分の感情を素直に受け入れて、あなたが心地良く感じる人たちと友人関係を築いていってください。

人間関係は変化するもの

成長のステージが変わるごとに付き合う人にも変化があるのは、とても自然なことです。

とくに女性は、結婚、出産などのライフイベントによって、価値観や興味も大きく変わりますし、それにともなって友だち付き合いにも変化があるものです。
結婚すると週末は旦那さんがいるから自由に動けなかったり、出産したらそれこそ自由に出歩けなかったりしますよね。
たとえば、20代前半で結婚して専業主婦になった女性と、40歳を目前に働きつづけているキャリア女性とでは、話題が合わなくなってしまうのも当然です。

人とのご縁は人生の財産です。
今の自分にふさわしい人間関係はどんなものでしょうか？
ぜひあなた自身の手で、理想の人間関係を選択してください。そして新しいステージへとつながる人間関係をつくり上げていってください。

生徒さんから、よくこんな質問を受けます。
「なかなか男性が誘ってくれないんですが、どうしたらいいですか?」
わたしは即答します。
「自分から誘ってみてもいいのですよ」
と。というのも、彼氏ができたり、結婚が決まったりする生徒さんの多くが"自分から行動を起こしている"からです。
交際を申し込む、プロポーズするなどの最終的なアクションは男性からのほうが好ましいですのが、それまでのアクションは女性からも積極的にしていいのです。
レッスンをしていてつくづく思うのは、**男性から誘って**

くれるのを待っている女性が信じられないほど多いということです。声を掛けられるまでただひたすら待っているだけの女性って、そんなに魅力的でしょうか？
みなさん、**ちょっと受け身すぎる**のです。
それも、恋愛にかぎらず人生のシーンすべてにおいて。

「○○ちゃんが行くなら、わたしも行こうかな」
「そのほうがわたしも安心。一緒に行こう」
こうしたやりとりは、女性にはよくありますよね。
変わりたいのに変われないのは、この「人任せ」な選択も1つの要因です。

受け身で生きている人が恐れているのは、主体的にアクションを起こして失敗したり、傷ついたりすることです。でも、前にもお伝えしたとおり、失敗は失敗ではありません。失敗はフィードバックを得られる貴重な機会です。
何もせずにただ待っているだけの人には、誰も魅力を感じませんよね。

まっすぐなアプローチは美しい

男性についても同じことが言えます。

たとえば、わたしがこれまで付き合ってきた男性はみんな、わたしに対してまっすぐな想いでぶつかって来てくれた人です。「あなたがこんなに好きだ！」と向かってきてくれると、自分にさほどの想いがなくても、胸がキュンとしますよね。

相手を想って捨て身で、けっして自分を守らない。
そういうまっすぐなアプローチに、人は心を奪われるものです。

でも、大人になってくるとよけいなプライドが出てきたり、傷つくのが怖かったりするせいもあって、まっすぐなアプローチをできる人が少なくなってきます。
わたしの経験でも、「たまちゃんがいいならいいよ」なんて具合に、変化球を投げられることがよくあります。

直球ではなく変化球ばかり投げる人は、自信がない人か、相手を想う気持ちよりも自分が傷つきたくない、自分を守りたい気持ちが強い人。

人を本当に好きになると、自分が傷つくことなどどうでも良くなります。その迷いのないストレートな気持ちに応えたくなるのが人間なのです。
想いは素直にストレートに伝えたほうが人として魅力的です。
それは女性から男性の場合も同じだと思います。

自分のしたいように生きる

わたしがいつも心に留めている言葉があります。それは、**「弱者はつねに選択を他者にゆだねる」**というフレーズです。
マインドや心が弱い人は、自分で選択をせず他人任せの場合が多いのです。
たとえば、自分から最終的な決断(交際の申し込み)をせず女性に付き合いたいと言わせておいて、うまくいかなくなったら「お前が付き合いたいって言ったんだろ」と責任転嫁して逃げる男性が、その典型です。

受け身で生きるということは、自分で決断しないということです。
それは、**自分の人生を生きていないということでもあります。**他者に依存しているのです。
自分の幸せを人にゆだねてしまうなんて、それこそ恐ろしいことだと思いませんか？
それでは幸せになれるはずがありません。

あなたを幸せにできるのは、あなただけです。
主体的に生きれば、いくらでも自分で自分を幸せにできます。
だって、自分のしたいようにできるのですから。
そのほうが人生を何倍も楽しめると思いませんか？

古来、女性はもともと群れで生活してきたので、集団でいたほうが安心できるという性質を持っています。
でも、そこに胡坐をかいていてはいけません。

ぬるま湯につかって**選択をすべて人任せにしていると、そのうち本当の自分を見失って、自分の人生を生きることができなくなってしまいます。**
だから、ほんの少しだけ勇気を出して、新しい世界に一歩踏み出してほしいのです。

経験はすべて糧になる

１番簡単な方法は、**環境を変えてみる**ことです。
環境を変えると、**自分が当たり前だと思っていたことが当たり前ではない世界があることに気づきます。**
いわゆるカルチャーショックですね。

わたしの友人にバツ２の女性がいるのですが、彼女は当初、「自分がバツ２になるなんて……」と、とても落ち込んでいました。
でも、わたしのまわりにはわりとバツ２の人が多く、その事実を伝えると「そうなの⁉」とパッと顔を輝かせました。

今自分が置かれている環境ではタブー視されるようなことも、別の環境に身を置けば、たいして特別ではないということはよくあります。

今、３組に１組が離婚していると言われていますが、わたしの周辺だけ見たら、おそらく半数は離婚しています。
でも、離婚をネガティブにとらえる必要もありません。
結婚も離婚も人生を豊かにするための経験にすぎません。

Chapter 2
こんなところに現れる
"低いマインド"のサイン

恐れずにどちらも経験してみればいいと思います。
どんな結果であっても、人任せでなく自分が主体的に選択したことであれば、すべて、これからの人生の活きる糧となるはずだからです。

「長年彼氏のいない女性は干物女」
「交際経験の少ない女性は欠陥がある」
「子どもを生めない女性は価値がない」

世の中ではまだ、こんな古い迷信がときどき飛び出します。恋愛や婚活をがんばっている女性たちは、親や一般社会からのすり込みなどもあって、案外こうした社会通念にとらわれている方が多いようです。

自分の幸せは自分で選ぶ

でも、今はそんな時代ではありませんし、**自分の幸せは自分で選ぶもの**です。
もしかしたら、自分の幸せを突き詰めた結果、シングルマザーという選択肢もあるかもしれませんし、結婚ではなく事実婚やパートナーという関係性だけでもいいかもしれません。子どもはほしくないという人だっているでしょう。

社会が「正しい」としている形にはまらなくても、いくらでも幸せになれる道はあります。
その"**自分らしい幸せ**"に気づくことが、あなたが最も**幸せになれる1番の近道**です。
たとえば、日本ではシングルマザーというと「かわいそう」で「不幸」というイメージがまだ強いですが、ヨーロッパでは妊娠しているからといって、その人が既婚者であるとは思われません。シングルの人もパートナーがいる人も同じように祝福されます。

同じ事実でも、環境やコミュニティの価値観によって、受け止められ方は千差万別。だから、「人と同じ」であ

る必要などないのです。

人に迷惑さえかけなければ、社会通念など本当にどうでもいいと思います。

人は人、自分は自分なのですから。

批判はあなたへの羨望(せんぼう)

多くの人は、批判されることを恐れています。

でも、**何をしても、どんな生き方をしていても批判はさ**

れるものです。生まれてから一度も批判されずに生きられる人なんて、どこにもいません。

批判されるということは、それだけ「あなたに魅力があって、影響力がある」ということ。
そして批判する側は、あなたより力がない人と決まっています。
批判の背景には必ず、あなたへの嫉妬や羨望があるのです。
だから批判されたら、「わたしがうらやましいのね」と受け止めて、すぐに流せばいいのです。

いつまでも受け身で、人の目を気にしながら批判におびえて生きていくのか。
それとも、そうしたものから解き放たれて、自由に自分らしく輝ける人生を生きるのか。
その選択はすべて、あなた自身が決められるのですよ！

"群れる"ことに
安心感を
抱いていませんか？

女性は、すぐに仲良しグループをつくるなど"群れる"傾向がありますよね。
前にもお伝えしましたが、女性のこの資質は、古の時代に群れで暮らしてきた名残。そのため、今でも多くの女性が「人と同じ」であることに安心感を抱きます。

「人と同じ」は息苦しい

だから、会社にいれば社内の価値観が気になってみんなと同じであるかが心配だし、親や友人たちの考えからズレていないかを気にしてしまう。デートをしても、相手

からどう思われるかを気にしすぎてしまい、本来の自分を出せずにものすごく疲れる……。なんていう女性が、本当に多いのです。

でも、そんな関係が長つづきするはずはありませんよね。女性が群れなくては生きていけない時代はもう終わりました。
今、「人と同じ」であろうとするのは、とても息苦しいことなのです。

あなたが「彼がほしい」「結婚したい」と思っているのなら、**もう一度その気持ちが本当に自分の感情かどうか、確かめてみてください。**

「長年恋人がいないと欠陥人間だと思われる」
「社内の同世代はみんな結婚しているから」
「親からいい人はいないのと言われるから」

もし、こんなふうに思っているとしたら、**その気持ちはあなたの感情ではありません。**他人から押しつけられた価値観です。

本当にほしいものは何ですか?

先にもお伝えしましたが、**そもそも結婚は人生の目的ではありません。**
あくまでも1つの通過点です。

結婚相談所では「結婚させること」が目的になっていますから、その後の幸せはまったく配慮されていません。
でも実際には、結婚後に何十年という人生があり、結婚生活は毎日24時間ずっとつづいていくのです。

本当に必要なのは、"心から信頼し合えるパートナー"であって、"結婚"ではありません。
あなたが心の底から最高の出会いを望んでいるのであれば、まずはマインドを育てて、大好きな自分になり、自信を持って、あなたにふさわしいパートナーを引き寄せましょう!
その具体的なアクションについて、次章からくわしくお話ししていきます。

Chapter 3

"毎日の習慣"から
美しく自由になる

お気に入りの言葉で自分を持ち上げる

今の自分を心の底から変えたいと思っているなら、とても効果的な方法があります。
それは、**「変化するわたしは素敵！」**と自分に宣言することです。

成功者や幸せな人は、みんな実践しているという**「アファメーション」。**
言葉の力で自分の潜在意識に働きかけ、成功を引き寄せるシンプルな方法です。
そのフレーズを唱えると自分が満たされて、ベストな状態になれる。そんな言葉がいいでしょう。

気持ちが"上がる"フレーズを用意する

わたしも、起業した当時、毎日唱えていたアファメーションがあります。
当時のわたしは実績も経験も少なく、まったく自信がありませんでした。そんな頼りない心境のままコンサルティングをしても、いい結果が出るはずがありません。ですから自信をつけるために、こう唱えたのです。

「わたしは予約3カ月待ちの超人気コンサルタントです」

すると、**不思議なほど自信が湧いて、目の前のクライアントさんにもプロフェッショナルとして対応できました。**
「わたしはそれくらい人気と実力のあるコンサルタントよ!」と思えるマインドが、現在のわたしを引き寄せたのだと思います。

恋愛や婚活の場面だったら、**「わたしには愛される価値がある」**、**「わたしはありのままで愛される」**など、たくさんフレーズはありますよね。
唱えると自分の気持ちが"上がる"言葉を、声に出して言うようにしましょう。

シーン別でさらに効果アップ

日常のなかで**シーン別に使えるアファメーションをつくっておく**のもおすすめです。
合コンやデート用、朝出社したときなどの仕事用と、大切なシーンに使えるフレーズをいろいろ用意しておくといいと思います。

実際にレッスンでも生徒さんたちにアファメーションを考えてきてもらうのですが、どれもとっても魅力的です。
なかでもわたしのお気に入りは、**「わたしは歩くミラクル」**というフレーズ。
「わたしは奇跡を起こす女よ」ってことですよね。とっても素敵なので、よく使わせてもらっています。
ほかにも、婚活パーティの会場に入るときには必ず、「みんながわたしを見てるわよ!」と唱える生徒さんや、落ち込んだときに「Heads Up」(顔を上げて)と唱えるバイリンガルの生徒さんもいます。

ご参考までに、生徒さんたちが考えてきてくれたフレーズやわたしがおすすめするフレーズをいくつかご紹介しますね。

「最後に笑うのはわたしよ」
「わたしが1番幸せもの」
「本当に大切なことは孤独の中にしか存在しない」
「わたしは世界一いい女」
「夢はシンプルなほど叶うのは早い」
「案ずるな、すべてうまくいく」
「わたしが笑顔の中心」
「わたしは自由奔放、愛されガール」
「自分史上最高のわたし」
「わたしは100パーセント」
「今日の一歩が明日のわたし」
「死ぬこと以外はすべてかすり傷」
「わたしは絶対に運がいい」
「失敗してもいい、なんとかなるもの」
「絶好調！」
「わたしはわたしが大好き」
「すべては完璧に流れています」
「必要なものは今すべて、わたしの中にある」
「あせらない、慌てない」
「わたしはわたしのままでいい」
「成功の反対は失敗を恐れて何もしないこと」
「人生で1番満足させなきゃいけないのはわたし」

Chapter 3
"毎日の習慣"から
美しく自由になる

しっくりくるフレーズがあったら、ぜひ使ってみてください。**できるだけ毎日、シーンごとに口に出して唱えると、より効果的**です。
わたしも朝起きたら鏡の前で
「**わたしの笑顔でみんなが幸せになる！**」
と唱えます。
たったそれだけのことで、わたしのマインドは満たされて心がキュッと奮い立つのです。

わたしの尊敬する経営者さんも毎朝、鏡を見ながら5分間アファメーションを唱えて大笑いするそうです。こうして朝の時点でマインドを上げておくと、その日を気持ち良くスタートできますし、1日中マインドが高いまま持続します。

実現させたい願望を唱えるのもいいですし、自分にエールを贈る言葉でもいいですね。できるだけ声に出して唱えて、耳からも言葉のエネルギーを取り込んでください。

あなたには、人とは比べようもない程の魅力があります。その魅力を引き出すのはあなた自身です。
アファメーションでマインドを高めて、ぜひその魅力を存分に輝かせてください！

愛される女性になるためのマインドを育てるのに大切なのは、**「まず与える」**こと。
恋愛にかぎらずどんな人間関係でも、つねに**「わたしがこの人に与えられるギフトはなんだろう？」**と、与えるマインドでいることが大切です。

「与える」と言っても、お金や物ではありません。
自分から声をかけるとか、自分から歩み寄るとか、相手よりも先に自己開示をするとか、見返りを求めずに相手を愛するとか、**行動すべてにおいて先に与える**のです。

しっかり「受け取る」ことも大事

見返りを求めずに与えると、必ず相手から何かが返ってきます。そうしたら今度は、**相手からのその好意をしっかり受け取ってください。**
ところが**みなさん「受け取る」のが本当に苦手。**
生徒さんたちにもお話しするのですが、相手からの**せっかくのギフトを、きちんと受け取れていない人が多い**のです。

誰かに褒められたとき、あなたはどんなふうに対応していますか?
「そんなことありません」と否定したり、
「え〜? 誰にでも言っているんじゃないですか!?」と茶化したり、
「安物なんですよ」と説明したりしていませんか?
あるいは、「この人は本音で言ってるのかしら?」なんて、あらぬ疑いを持ってしまうこともあるかもしれません。

「謙遜」という日本の美徳文化のせいで、みなさん**知らず知らずのうちに、褒められても否定する癖がついてしまっている**のです。

モテる女性は受け取り上手

一方、**周囲から可愛がられる女性というのは、「受け取る」ことがとっても上手。**褒められたら、ものすごい笑顔で「わあ、うれしいー。ありがとうー！」とよろこんで受け取ります。だから、ますます彼女に与えたくなり、愛したくなるのです。**贈ったものを素直に受け取ってくれる人は、とても愛されます。**

「褒める」という行為は、言葉のギフトです。
実際、アメリカでの実験結果があり、人は褒められたとき、お金をもらったときと同じように脳が反応するというデータが出ています。褒められるのは、お金をもらうのと同じくらいうれしいのです。

褒め言葉は FREE ギフト、無料（タダ）なのですから、どんどんばら撒きましょう。与えましょう。
そして、相手から贈られたときは、今度からしっかり受け取ってください。**褒められたら恥ずかしがらずに、「うれしい。ありがとう！」と、素直に受け取るのです。**
受け取ったギフトはあなたのマインドの滋養になって、自分を愛せるあなたを育んでくれるはずです。

Chapter 3
*"毎日の習慣"から
美しく自由になる*

ネガティブな言葉は使わない

あなたのマインドをつねにポジティブに保ち満たしてあげるために、ぜひやっていただきたいことがあります。
それは、**ふだんからポジティブな言葉を使う**ことです。

潜在意識が傷ついてしまう

わたしたちの潜在意識は、実は主語を認識しません。
あなたがネガティブな言葉を発すると、たとえそれが**自分に向けた言葉でなくても、自分を主語に置き換えて受け取ってしまいます。**
つまり、ぜんぶ自分のこととしてとらえてしまうのです。

だから、悪口や愚痴などはできるだけ言わないようにしてください。
そして、**ネガティブな言葉を使う人、他人の悪口や批判の多い人、不平不満の多い人とは距離を置く**ようにしましょう。

たとえば、会社で隣りの人が上司からひどく怒られていたら、自分が怒られているわけではないのに、とても疲れますよね。
それは**あなたの潜在意識が傷ついているから**です。
だから、そうしたシチュエーションになったら、席を離れるなどして、自分の潜在意識を守ってください。
電車や居酒屋などでも同じです。ネガティブなワードが耳に入ってきたら、車両を替えるなり席を替えるなりして離れましょう。
そして、**意識してポジティブな言葉を使いましょう。**

そもそも、人の悪口ばかり言うような人、不平不満や愚痴ばかり言っている人は、自分で自分を不幸にしています。
自分が幸せではないから、他人のあれこれが気になるのです。
幸せな人は、他人を批判したりしません。する必要がないのです。自分が満たされているので、他人のことなど

気にならないからです。

ふだんから**ポジティブな言葉を意識して使うようにしていると、あなたのマインドもポジティブになって、行動も前向きなものに変わっていきます。**
逆に、否定的な言葉ばかり使っていると、否定的なマインドになって行動もネガティブなものになります。

言葉の力というのは、わたしたちが思う以上に、わたしたち自身の在り方に影響しているのです。

自分の口癖を知ろう

ただ、自分が日頃どんな言葉を使いがちなのか、意外とわからないもの。ですからぜひ、家族や友だちに自分の口癖を聞いてみてください。
「できない」、「無理」、「むずかしい」、「だって」、「どうせ」、「すみません」などを多用していたら要注意！　ポジティブワードに置き換えるように意識しましょう。

ネガティブワードからポジティブワードへの変換例

- ♥ 変わってる ➡ 個性的
- ♥ 頑固 ➡ 意志が固い
- ♥ すみません ➡ お願いします
- ♥ ケチ ➡ 経済観念がしっかりしている
- ♥ メタボ ➡ 安定感がある
- ♥ 考えすぎて行動できない ➡ 慎重
- ♥ 八方美人 ➡ 人付き合いが上手
- ♥ むずかしい ➡ 挑戦、トライ
- ♥ 忙しい ➡ 充実している
- ♥ ハプニング ➡ イベント、サプライズ
- ♥ ピンチ ➡ チャンス
- ♥ 失敗 ➡ フィードバック
- ♥ 挫折 ➡ 豊かな経験

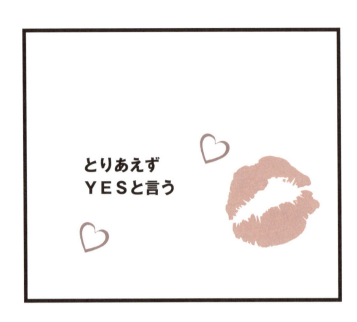

とりあえず
YESと言う

「自分を変えたい」そう本気で思っている方にぜひおすすめしたいコミュニケーション法があります。
"どんなときもとりあえずYESと言う"コミュニケーションです。
頭であれこれ考えてしまう前にまず受け入れてみる。
これは、あなたのマインドの容量を大きくするのにも有効です。

マインドのキャパシティが大きければ大きいほど、たくさん受け取れるようになりますから、あなた自身の魅力倍増につながります！

YESは信頼関係を生む

恋愛でも仕事でも、これまでNOと言っていた場面で、ためしにYESと言ってみてください。
たったこれだけのことですが、驚くほど相手から好感を持たれると思います。

実は、**モテる女性というのは、はっきりNOを言いません。**その場ではとりあえず肯定しておいて、あとでやんわり断る。断り方が上手なのですね。
真面目な女性は「すみません、その日はちょっと……」などと言って、その場で断ってしまいます。すると、**相手は締め出されたような気分になって、あなたへの好感度もビューッと降下してしまう**のです。
だからぜひ、YESと言う癖をつけてください。

人は肯定されたほうがうれしいですし、どんなささいなシーンでも、**受け入れられたという安心感は、相手との信頼関係につながります。**

これからは、**誘われたら何でもYES！**

合コンに誘われたらYES、飲み会に誘われたらYES。とりあえず、いったん受け入れてみて、嫌だったらあとで断るなり吐き出すなりすればいいのです。

YESが人生に奇跡を起こす

他人に対して批判的になりやすい人は、すぐにNOと言います。とくに正義感が強くて、ものごとを「正しいか／正しくないか」で判断する人にありがちです。

でも、**人とのコミュニケーションに「正しいか／正しくないか」という価値基準は必要ありません**よね。相手を受け入れて、そこに新たな発見や可能性をみつけるか、あるいは拒否して自分だけの狭い世界に固執するのか。どちらが人として豊かな人生を送れるのか……、答えは一目瞭然ですよね。

ジム・キャリー主演の映画『イエスマン』にも、YESの効能がうまく描かれています。これまで、すべてのことにNOと言っていた人が、魔法でYESしか言えなくなってしまい、

YESばかり言っていたら人生がミラクルに変わる、というお話です。

ためらわずにYES。
とても簡単です。

YESが癖になると、いつのまにか自分を肯定するマインドも育って、コミュニケーション能力が自然に高まります。周囲からの好感度も上がりますから、さらに自分の自信につながる。そんな好循環が生まれるのです。

Chapter 3
"毎日の習慣"から
美しく自由になる

笑顔のギフトを
振り撒こう

みなさん案外気づいていないのですが、**女性は笑顔のときがいちばん魅力的**です。
そもそも、女性に笑顔を向けられて、うれしくない人はいませんよね。

誰かとすれ違ったときに目と目が合ったとします。そこでパッと目を逸らされたらどうでしょう？　拒絶されている感じがしますね。
反対に、目が合った瞬間ににっこり笑顔を向けられたらどうですか？　うれしくなりますよね。
笑顔は、あらゆる人を幸せにするギフトだからです。

では、道端でイライラしている人がいたらどう感じますか？　その感情がたとえ自分に向けられたものでなくても、なんだか嫌な気持ちになりますよね。
それはつまり、その人に「いいエネルギーを奪われている」ということなのです。
人生は与えれば与えるほど豊かになります。
だから、まず「与える」のです。

わたしは生徒さんにイライラした"気"ではなく「愛と笑顔のギフト」を撒き散らしましょうとお伝えしています。

男性は笑顔が好き

笑顔でいるだけで相手にギフトを贈っていることになるのですから、**どんなときでも笑顔を絶やさないのが、幸せを受け取る秘訣**とも言えます。

幸せな人って、いつも笑顔ですよね。
幸せだから笑顔なのか、笑顔だから幸せなのか……鶏と卵、どちらが先か！　と同じですね。それほど**笑顔と幸せは、切り離せない関係にある**ということだと思います。

そして、**わたしたち女性が思っている以上に、世の男性は女性の笑顔が大好きです。**

先日も生徒さんからいいお話を聞きました。
たこ焼き屋さんでテイクアウトを待っていたら、なかで飲んでいる男性と目が合ったそうです。それまでだったら目を逸らしてしまっていたけれど、「笑顔はギフト」を思い出して、目が合った瞬間ににっこり笑って会釈したそうです。そうしたら一杯ごちそうしてくれたと言うのです。

また、先日彼氏ができたばかりの名古屋の生徒さんが、彼に「どうしてわたしのことを好きになってくれたの？」と質問したら、最初に会ったときの笑顔がすごくよかったから、と言われたそうです。

どうですか？　わたしたちが思っている以上に、笑顔にはものすごい威力があるのです！
「変わりたいけれど、何からはじめたらいいかわからない」そう思っている人こそ、**まず、笑顔**です。
笑顔の効力は万人共通です。今日からその効力をぜひ、体感してみてください。

笑顔のギフトを振り撒けるようになったら、次は**言葉のギフトを与えるレッスン**へと進みましょう。

言葉のギフトというのはつまり、**相手を褒めること。**
81ページでもお話ししましたが、人は褒められるとお金をもらったときと同じくらいうれしくなります。だから「褒める」という行為は、相手へのギフトなのです。

相手の良いところを本気で探す

わたしのレッスンでは、生徒さんどうしで「褒め合う」

ワークをおこなうのですが、これが案外、みなさん苦手です。
では、どう日常で練習していくかというと、とにかく**毎日会った人全員を必ず、1人ひと褒めする**のです。
と言っても、お世辞やおべっかでは意味がありません。もちろんウソでもダメ。
「褒める」とは、相手を観察して本当に素敵だなと思う部分や、自分が好きだなと思うところを声に出して教えてあげることです。
どんな人にも、良いところは絶対にあります。
外見でもいいですし、仕事への熱意など、内容は何だってかまいません。
相手をよく観察していないと褒められませんから、**「あなたをちゃんと見ていますよ」**というメッセージにもなって、相手の承認欲求も満たしてあげることができます。

ネガティブワードは禁物

恋愛や婚活で女性が1番やってはいけないのは、「いい男いないよね」、「いい男ってみんな結婚してるよね」などと、**ネガティブな言葉を口に出してしまうこと**です。
これって実は、**「わたしはいい女ではない」ということ**

を、自分で自分にすり込んでいるのと同じことなのです。

言霊とはよく言ったもので、**あなたの発する言葉はすべて、現実にも同じことを引き寄せます。**
つまり、いい男がいないのは、あなたがいい女じゃないから。
他人のいいところではなく、欠点やアラ探しばかりしているような人には、誰もお近づきになりたくありませんよね。

生きるのがラクになる

人の欠点ではなく、**いいところを見ることができる女性は、同性から見ても魅力的です。**
そして、**他人のいい面を見るようになると、あなた自身のマインドも、いつのまにかポジティブになります。**
「人ってこんなにみんな魅力的なんだ！　わたしももっと自分を磨きたい！」
そう思えるようになるので、自分の魅力を開花させるために、つねに新たな一歩を踏み出せるようになるのです。

そして**自分のマインドがポジティブになれば、ポジティ**

ブな人、ポジティブな出来事、ポジティブな現象が引き寄せられてきます。

人間関係も仕事も、恋愛もスムーズに運ぶようになって、人生全体が好循環で回りはじめます。

反対に、他人のアラ探しばかりをしていると、どんどん批判的になってマインドもネガティブになります。結果マインドも育たず、ネガティブな人や出来事を招いてしまうのです。

この**1人ひと褒めを習慣にすると、生きること自体がとてもラクになります。**

なぜかというと、人は自分のことを良く言ってくれる相手を無下にはできないからです。

たとえば、もしあなたが仕事でミスをしても「○○さんだから、何かあったのかもしれないな」と好意的に受け取ってもらえます。人生における障害物が少なくなって、生きるのがラクになるのです。

生徒さんもよく言います。1人ひと褒めをやると、仕事場ですぐに変化が出ると。みんなが手伝ってくれるようになったり、声を掛けてくれるようになってびっくりしたと言うのです。

もちろん仕事や恋愛関係だけでなく、親や家族に対しても効果的です。ぎくしゃくしがちだった両親との関係が、1人ひと褒めのおかげで自然に話せるようになったという声も生徒さんからよく聞きます。

愛される褒め方とは

さあ、ここからは褒め方の実践編です。
「褒める」ことには、実は3つのレベルがあります。
「見た目」「内面」「変化」の3段階です。

Chapter 3
"毎日の習慣"から
美しく自由になる

まずは、「見た目」を褒めること。
これは簡単ですよね。
初対面の相手に対してでも、持ち物や服装、ヘアスタイルなど、素敵なところはすぐ見つけて伝えることができると思います。

次に「内面」を褒めること。
これは、相手のことをある程度知っていなければできませんが、むずかしくはありません。仕事への想いや人への気づかい、優しさなど、その人を少し観察すれば、良いところがみつかるはずです。

最後に「変化」を褒めること。これが1番むずかしいのです。
変化は、相手をずっと見ていないと気づけません。相手の変化を見つけて褒められるようになると、とても愛されるようになります。
自分のことをつねに見てくれて、認めてくれ、さらに褒めてくれる人。そんな人を、人は愛さずにはいられないからです。
何かあったら助けてあげたいし、もっと何かしてあげたい。相手をそういう気持ちにさせるのが、変化を褒めることなのです。

たとえば、「会社に入った頃と比べて、見違えるように仕事ができるようになったね」なんて上司から言われたら、感激してしまいますよね！　そしてその上司のために、もっともっと成長したい、いい仕事をしたいと思うはずです。

いいことづくしの１人ひと褒め。これは、今すぐにはじめられます。
「この人の良いところはどこだろう？」
誰かに会うたびにこんなふうに意識するのは、思いのほか楽しいものです。
相手をきちんと見るようになるので、新たな気づきや発見もたくさん見つかります。
つづけていくと自分もポジティブになりますから、そのマインドに引き寄せられて、素敵な出会いがやってくるはずです。

相手の名前をたくさん呼ぶ

「この人と信頼関係を築きたい!」と思ったときに、ぜひやっていただきたいことがあります。
それは、「相手の名前を呼ぶ」ことです。

人はいろんな欲求を持って生きていますが、**すべての人に共通しているのは、「自分をわかってほしい、受け入れてほしい」という承認欲求を持っていることです。**
だからわたしたちは、「自分をわかってくれている」と思える人に、とても魅力を感じます。
この承認欲求をすぐに満たしてあげられる方法が、「名前を呼ぶ」ことなのです。

たとえば、挨拶するにしても、「おはよう」とだけ言われるのと、「○○さん、おはよう」と言われるのでは、ちょっと印象が違いますよね。
先輩、課長、社長などの肩書きで呼ぶときも、松下先輩、鈴木課長、長岡社長など、名前をしっかり呼ぶと、とても好印象を持たれます。

この人と仲良くなりたいと思ったり、職場の人間関係がギスギスしていると思ったら、意識して名前を呼びましょう。
これは恋愛、デート、合コン、婚活など、どんな場面でも効果があります。

名前を呼ぶだけで好印象

ですからアプローチしたい男性がいたら、**彼の名前を連呼してください。**
何度呼んでもかまいません。
「次これ食べますか？ 何を飲みますか？ これ取りましょうか？」
とただ訊かれるのと、
「○○さん、何を飲みますか？ ○○さんこれ食べます

か？　○○さん、あれ取りましょうか？　○○さんは休みの日は何してますか？」
と訊かれるのとでは、同じ質問でも受け取り方はまったく違ってきますよね。
その際のポイントは、**できるだけファーストネームやニックネームで呼ぶ**こと。

実はわたし、実験的に3カ月間で100人の男性とデートしたことがあります。その際、どうしたら次のデートにつながるのかをテストしてみたのです。
結果、ほとんどのデートが2回目につながったのですが、意識したのは**「相手が呼ばれたいと思っている呼び名をはやめにゲットする」**ことでした。

待ち合わせをしてお店に入って、飲み物を頼んで乾杯するまでに少し時間がありますね。そのときに
「いつも何て呼ばれているんですか？　あだ名とかありますか？」
と聞くのです。
そして、もし恋愛関係を望むなら、
「わたしには何て呼ばれたいですか？」
と尋ねます。
この**「わたしに何て呼ばれたい？」が、男性はわりと好**

きなのです。
すると、「みんなからは○○って呼ばれてるけど、たまちゃんには○○って呼ばれたいかも」と言われたりします。そうしたら、その呼び方で呼んであげてください。
初対面でも「名字＋さん」ではなくファーストネームで呼び合えると、すぐに親密になれます。

許可を得るのがポイント

初対面の男性には、必ずその場で「何とお呼びすればいいですか？」と聞いてみてください。
立食パーティなどで話していて、名前を訊きそびれてしまったときは、途中で「そういえば、何とお呼びすればいいですか？」と尋ねればいいのです。
すると、たいてい男性は名字を名乗るわけですが、そこで、
「下の名前は何ですか？」
と切り出します。そして下の名前もわかったら、
「ニックネームは何ですか？」
「お友だちからは何と呼ばれていますか？」
と聞くのです。
そして、

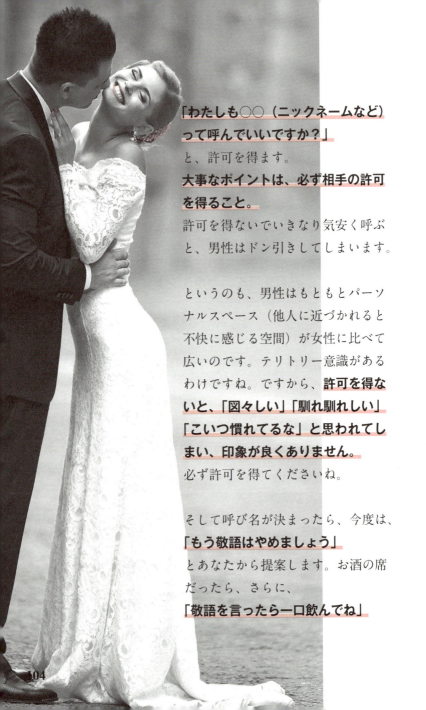

「わたしも〇〇(ニックネームなど)って呼んでいいですか?」
と、許可を得ます。
大事なポイントは、必ず相手の許可を得ること。
許可を得ないでいきなり気安く呼ぶと、男性はドン引きしてしまいます。

というのも、男性はもともとパーソナルスペース(他人に近づかれると不快に感じる空間)が女性に比べて広いのです。テリトリー意識があるわけですね。ですから、**許可を得ないと、「図々しい」「馴れ馴れしい」「こいつ慣れてるな」と思われてしまい、印象が良くありません。**
必ず許可を得てくださいね。

そして呼び名が決まったら、今度は、
「もう敬語はやめましょう」
とあなたから提案します。お酒の席だったら、さらに、
「敬語を言ったら一口飲んでね」

とつけ加えます。そうすると初対面なのにとても打ち解けられ、必ず次につながります。
逆に、ずっと他人行儀で「○○さんは▲▲ですか」という名字と敬語のやりとりをしていると、心の距離はちっとも縮まりません。

距離が縮まったら、今度は２人の間でしか使わない呼び方を決めてもいいと思います。そこまでできれば、もう恋は成就したも同然です！
逆に、**この人は嫌だなと思ったら、名前をいっさい呼ばない**のもありです。「ねぇねぇ」とか、「ちょっと」など名前を呼ばなくても会話はつづけられるので、相手に不快感を与えずに、遠ざけることができます。

この「名前を呼ぶ」アクション、とっても簡単ですが効果はお墨付きです。
ぜひ今日から実践してみましょう！

２人の関係を良好に保つ方法

ファーストネームで呼んだほうがいいことは、先ほどお話ししましたが、一方で、**名前を呼び捨てにさせたり、**

呼び捨てにするのはおすすめしません。
なぜなら、**呼び捨てには、相手への敬意がない**からです。

もちろん呼び捨てが気にならないシチュエーションもありますが、親しき仲だからこそ、礼儀は大切。
何より、ニックネームで呼んだり、「ちゃん」や「くん」をつけたりすることで、2人の関係を良好に保ちやすくなるのです。

ちなみに、この「ちゃん」「くん」づけの呼び方は、パートナーだけでなく、将来、子どもを持ったときにもオススメです。
言葉のエネルギーが柔らかくなるので、家庭内不和の予防にもなりますよ。

愛されたいなら「先に与える」

愛されるマインドを育てるために欠かせないのは、**「まず自分から与える」**こと。
くりかえしになりますが、すべて自分から与える。つまり、**自分から行動を起こすことが、何より大切**です。

「変わりたいのに、変われない……」と悩んでいる人の多くは、これがまったくできていません。
自分から動かない、与えない……。
受け身だから、何も結果が出ないのです。

「自分から先出し」が決め手

何を与えたらいいのかがわからないのであれば、**まず笑顔を振り撒いてください。**

目と目が合ったときに微笑むだけで、男性からお誘いを受けるかもしれません。目を逸らしているよりも、確実に可能性は高まります。

そして、**どんな場面でも自分から先に声をかけてみましょう。**自分から挨拶をしてください。

プライベートでも仕事でも、とにかく「自分から」声をかけるのです。

周囲の反応が明らかに変わってきますよ。

「誰もわたしを誘ってくれない……」と1人でウジウジしてしまうくらいなら、自分が幹事になればいいのです。受け身でいるかぎり、何もはじまりません。

「自分から」やってみると、次は必ず誘われるようになりますよ。

「自分って素敵！」が大切

自分からどんどん与えることができるようになると、自分自身にもとても自信が持てるようになります。
「やればできるんだ！」とセルフイメージが上がって、自分の価値を素直に認められるのです。
この「自分って素敵！」と思えることが、ポジティブなマインドを育むうえでも、最も重要です。
愛される価値があると思えると、人からの愛も自然と受け取れるようになるからです。
たくさん与えてたくさん受け取る。
この循環が人生を豊かにし、最高の人を引き寄せるのです。

Chapter 4

"環境デトックス"
で美しく自由になる

あなたの部屋は今、どんな状態ですか？
心理学では**「部屋＝自分の心の箱」**と考えます。

わたしたちは小さい頃から整理整頓を叩き込まれてきました。お習字で整理整頓と書いたり、お道具箱がきちんと整理整頓されているかを、先生にチェックされたりしましたよね？
なぜなら、自分の心の状況が、部屋や引き出しといった環境に現れるからなのです。

心が荒れているときは、部屋も荒れます。

一見キレイな部屋でも、引き出しのなかがぐちゃぐちゃなら、それは**あなたの潜在意識が乱れているということ**です。
今の自分を変えたいと思うなら、まずは**自分の部屋や、1日の大半を過ごす職場のデスクまわりをキレイに整えましょう。**

不必要なものを断捨離するだけで気分もスッキリしますし、手放して隙間ができたぶん、新たな可能性や選択肢が舞い込んでくるように思います。

「気分が上がる」ものをそろえる

わたしたち人間のエネルギーは、周囲のエネルギーと同調しようとする性質があります。
ですから、**汚れていたり乱れていたりするエネルギーの低い場所に身を置いていれば、あなたのエネルギーも下がります**し、キレイでエネルギーの高い場所にいれば、あなたのエネルギーも上がります。

ふだん**長く時間を過ごす場所には、ぜひ「気分が上がる」ものをそろえてください。**

生きていれば、いろんなことがあります。

よろこんだり落ち込んだり傷ついたり、わたしたちは日々揺れ動いている存在です。

でも、**心から美しいと感じるもの、好きだと感じるものが目の前にあるだけで、人は元気になれる**のです。

お気に入りの絵や、飼っている犬の写真、キレイなカーテン、ベッドカバー、センスのいい文房具、好きなデザイナーの家具や食器……、何でもかまいません。

マインドがキュッと持ち上がる物をそろえましょう。

また、**生花は心と生活にゆとりをもたらし、家庭内不和を防いでくれます。**観葉植物もお部屋の邪気を吸い取ってくれるので、おすすめです。

落ち込んでいるときや心がふさいでいるときも、部屋が美しく快適な場所だったら、それだけで気持ちが上がります。

環境を心地良く整えるか否かに、あなたのマインドの状態も大きく左右されるのです。

幸せ日記をつけよう

今あなたは幸せですか？
日々どんな幸せを感じていますか？

愛し愛されるマインドを育むために、とても効果的なプラクティスがあります。
それは、**毎日幸せ日記をつける**ことです。

幸せの感度がアップする

夜ベッドに入る前に、1日を振り返って、自分が幸せだと感じたこと、うれしかったことだけを書き出します。

思いつくかぎり、何個でも書いてください。
この幸せ日記をつけ出すと、身近にある小さな幸せに気づけるようになります。
幸せの沸点が下がって、幸せ感度が高まるのです。
つづけるうちに、これまで取るに足らないように感じていた出来事も、とっても幸せなことだと感じている自分に気づくと思います。

たとえば「いいお天気♪幸せだな」と思える人と、天気が良くても何も感じない人とでは、どちらが幸せでしょうか？
幸せ感度が上がり、幸せを感じれば感じるほど、より幸せを引き寄せることができるようになります。

自分の成長にも気づける

実際に日記をはじめると、「今日は何を書こうかな」と自分の幸せやよろこびを意識して探すようになります。
そして書き出した「わたしの幸せ」をあらためて眺めると、「わたしって、実はけっこう幸せなんだ！」と**自分に対する認識が変わる**のです。

また、過去を振り返ることもできますから、自分自身の変化や成長にも気づけるようになります。
自分を客観視できると、他者比較をすることも減ります。
過去の自分と今の自分を比べるほうが、ずっと有意義ですからね。
「こんなに幸せを感じられるようになった自分っていいな、好きだな」
と、自信が持てるようになりますし、自分を肯定して受け入れるマインドも育ちます。

自分の書いた幸せ日記を読み直すと、そのとき感じた幸せを再び体感することができます。幸せ日記が手元にあるだけで、幸せを何度でも味わえるというわけです。
お気に入りのノートを見つけて、ぜひ今夜からでもはじめてみてください！

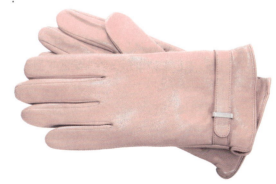

Chapter 4
"環境デトックス"で
美しく自由になる

人間関係も４割断捨離する

「一緒にいて心地良いか」が判断基準

部屋をキレイにするのと同じで、人間関係の環境も整理整頓が必要です。
今の自分にとって有意義な関係性以外は、思いきって手放してしまいましょう。手放す目安は４割！

では、どういう基準で断捨離したらよいのでしょうか。
それは、**あなたにとって心地良いか心地良くないかを、１番の判断材料にすることです。**
まず、手放したいのは、こんな人たちです。

- **一緒にいて嫌な気持ちや暗い気持ちになる人**
- **ネガティブな人やネガティブな言葉を使う人**
- **一緒にいると疲れる人**
- **一緒にいると自分のアラが見えてしまう人**
- **人のうわさ話や不平不満、悪口ばかり言う人**
- **口だけで行動していない人**
- **あなたの幸せをよろこんでくれない人**

そして新たに友だちをつくるなら、こんな人がよいでしょう。

- 一緒にいて明るい気持ちになれる人
- ポジティブな人やポジティブな言葉を使う人
- 話していると新しいアイデアがどんどん湧き、実行できそうな気になれる人
- 素敵だなと尊敬できる部分がある人
- この人のようになりたいと思える人
- キラキラ輝いている人
- 口だけでなく、実際に行動している人
- あなたの幸せを一緒によろこんでくれる人
- あなたを肯定しアドバイスもくれる人

本当の友だちのようなふりをして、ひそかにあなたを邪魔する人にも気をつけましょう。
いわゆるフレネミー（＝友だちの顔をした敵）です。
あなたの前ではにこにこしていて、陰で悪口を言っているような人ですね。
あなたが何か前向きに行動しようとすると、「そんなの無理だよ」とか「やめておいたほうがいいよ」とネガティブな言葉で引き止める人もそうです。
こうした人は本当の友だちではありませんから、手放してしまったほうがあなたのプラスになります。

大切なご縁は戻ってくる

昔からの友だちと疎遠になることを寂しく思ったり、友だちが少なくなってしまうのを心配したりする方がいます。でも、安心してください。
手放したら、その分だけ新しい出会いやものごとが集まってきます。
それに、ご縁が本物であれば、一度手放したとしてもまたつながるときがやって来ます。
逆に言えば、手放して戻ってこないようなご縁は、これからのあなたの人生に必要ないということ。

だから、どんどん整理してしまっていいのです。

たまに携帯電話をなくして連絡先がぜんぶなくなってしまったとか、データがすべて消えてしまったなんてことがありますね。こうした出来事は、実はすべて必然です！　自然に断捨離がおこなわれたと思えばいいのです。必要なご縁であれば、またつながりますから心配ありません。

手放したい人間関係だなと感じたら、自分から連絡したり、誘ったりしないようにしましょう。もし連絡が来たら、仕事や恋愛を理由に断ってください。できるだけ1対1で会わないようにするのです。
同窓会などで会うのは仕方ないかもしれませんが、今のあなたに必要なければ、無理に行くこともないと思います。

女子会もデトックスする

今や「女子会」は誰もが知っているワード。ホテルや旅館でも女子会プランがあるくらい、メジャーになりました。
女性の「群れる」という特質についてもお話ししましたが、とにかく人と同じであることに安心感を覚えるのが女性です。
そして、その典型が女子会だと言ってもいいと思います。

女子会は不毛!?

実は、わたしは女子会をおすすめしていません。

女子会に行くなら合コンに行きなさい！ と生徒さんに言っています。
ちょっと厳しいようですが、**ほとんどの女子会は不毛です。**

先日も生徒さんが「先生、この前女子会に行ったら、そこで主体的に婚活をしている、楽しんでいる人はわたしと、もう1人しかいませんでした」と話していました。「だからもう女子会に行くのはやめました」と。

わたしはレッスンの体験会に参加された方々に、体験会後にみなさんでランチに行くことを、毎回提案しています。そして実際、ランチに行ったそうなのですが、のちに正式に受講してくれることになった生徒さんが「先生が言っていた意味がとてもよくわかりました」と言うのです。そのランチの場では、これまでの恋愛運のなさや婚活の愚痴といったネガティブな話ばかりが飛び出し、「こういう無意味な場にはいたくない」という気持ちになったと言います。

生産性のない時間を過ごすことは、あなたのマインドの成長にもつながりません。
愚痴を言い合うばかりの不毛な女子会は、思いきってお断りしましょう。

Chapter 4
"環境デトックス"で
美しく自由になる

女子会には男子を添えて

もちろん有意義な女子会だってあるとは思いますが、わたしがおすすめしているのは、**必ず1人か2人、男性を入れるということです。**

男性がいると場がガラッと変わって、がぜんおもしろくなります。女性にはない男性視点での意見も聞けますし、女子たちも男性を意識するので、愚痴を並べ立てるような無駄な時間ではなくなります。
女子会にはぜひ男子を添えて！　鉄則です。

**他人の機嫌を
とるのは
もうやめる**

頼まれてもいないのに、つい人の機嫌をとってしまう……。

真面目な人やがんばり屋さん、長女タイプの女性にかぎって、やってしまうのがこのご機嫌とり。

でも、**他人の機嫌を一生懸命とればとるほど、あなたのマインドはすり減ります。**

とるなら自分のご機嫌を

上司や彼氏の機嫌がわるいのでがんばってご機嫌うかがいをした結果、八つ当たりされて嫌な思いをした、なん

て経験がある方もいるかもしれませんね。
もうこれをきっかけにご機嫌とりはやめましょう。

他人の機嫌について、あなたがどうこうしようとする必要はないのです。
そのかわり、自分の機嫌をとってください。
自分の気分を良い状態に保つのは、あなた自身の義務。
それをしっかりできるのが大人の女性です。

ご機嫌とりをやめた生徒さんのエピソードを1つご紹介しましょう。
彼女は関西で救急医療の看護師をしているのですが、現場は1分1秒を争うので、とても殺伐としているのだそうです。
そんな状況ですから、先生たちにものすごく気をつかってしまい、仕事よりも先生たちのご機嫌とりに疲れてしまう。当初はそう話していました。
ですが、わたしのアドバイスにしたがって、**他人のご機嫌とりをいっさいやめた**そうです。
機嫌がわるいのは本人の責任だから、わたしはわたしの仕事をする、と。
すると、なんと先生のほうから「さっきはあんな言い方してごめん。大丈夫だった？」と謝ってきたのだそうで

す！　こんなことは長年務めていてはじめてだと彼女もびっくりしていました。

自分が変われば、まわりも変わる。
そのいい例ですね。だからわたしたちは、自分のご機嫌だけをとればいいのです。

気分のサイクルを知るのも大切

わたしたち女性は、ホルモンバランスの状態や、月の満ち欠けの影響などによって、急に気分ががくんと落ちる

ことがありますよね。
そういうときは**無理にマインドを持ち上げようとしなくてもいい**のです。

ただ、ネガティブな気持ちにはなりやすいですから、恋人に電話したり会ったりするのはやめるなど、**自分を良い状態のまま保てる選択をしてください。**
恋人に弱みを見せたくないからという意味ではなく、不必要に会って何か八つ当たりして、さらに自己嫌悪に陥る……この悪循環を断ち切るためです。

翌日になると、「どうして昨日はあんなに気分が落ちていたんだろう？」と思うこと、女性ならよくありますよね。
ですから、そうした**自分のサイクルや傾向を、きちんと把握しておくことも大切**です。

マインド特効薬を見つけよう

「**自分のマインドを上げる**」ことは、「**自分で自分をおもてなしする**」こと。
ですから、「これをすると気持ちが上がる」という方法をいくつか知っておくといいですね。

たとえば、お気に入りのブランドチョコなどを冷蔵庫に入れておいて、ものすごくへこんだときにだけ食べるとか、おいしいお酒を特別なグラスで飲むとか、お気に入りのアロマを焚く、半身浴をする、キャンドルを灯す、好きな音楽を聴くなど、いろいろありますよね。
小さなことでいいので、マインドが上がるおもてなしツールを用意しておくのがおすすめです。
生徒さんのなかには、撮りためておいた海外ドラマを片っ端から観るという人もいました。

こうしたものが、あなたのマインドをキュッと持ち上げるための特効薬になります。
他人の機嫌はとらずに自分で自分をしっかりおもてなしする。
それが愛される大人の女性のみだしなみです。

Chapter 4
"環境デトックス"で
美しく自由になる

Chapter 5

"在り方"を変えて
「わたし」を大好きになる

男性に任せてみる
── 幸せ体質は甘え上手

「彼の前で素直になれない」
「甘えるのが苦手」
恋愛経験の少ないピュアな女性のなかにもいますが、仕事のできる女性、責任感の強い長女タイプの女性にもすごく多いのが、こうしたお悩みです。
何でも自分でてきぱきできて、誰かに手を差し伸べられても、反射的に「大丈夫です」「自分でできます」と言ってしまう。
人に任せたり、やってもらうのが申し訳なく感じる、とても苦手……という人です。

「もしかしたら迷惑かもしれない」

「嫌われちゃったらどうしよう」
と**不安が顔をもたげてしまって、わがままなんてとても言えない**のです。

甘え下手な女性は、とくに長女に多いと思います。
小さな頃から何でも自分でやってきて、妹や弟のために自分はがまん。**「自分さえがまんすればうまくいく」という考えが無意識的に働いてしまう**のです。

でも実は、**素直にお願いができないあなたのマインドは、「自分にはそれをしてもらう価値がない」と思っています。自分で自分の価値を認められない状態**なのです。
そのままでは、いつまでたっても自分を大好きにはなれません。

あえて男性に任せてみる

そもそも**女性は優秀なので、ほとんどの人が本当は自分で何でもできてしまいます。**
でも、そこをあえて男性に任せてみてください。
「任せる」ということは、そこに信頼関係がないとできませんよね。

ですから、あなたに何かを任された相手は、あなたの信頼を得られたと感じられるので、実はとてもうれしいのです。

逆に**任せてもらえないと、「信頼されていない」と感じる**ということ。

だから、男性に任せることができる女性は、モテるのです。

男性の「役に立ちたい」欲求を満たしてあげる

たとえ自分にできることでも、「わたしがやります」と言わずに、男性にゆだねてみてください。

というのも、**男性はみんな、潜在的に女性の役に立ちたいと思っています。**

男性はいつだって、ヒーローになりたいのです。

小さい頃、女の子はアイドルやお姫さまに変身して遊びますが、男の子はヒーローや戦隊ものに憧れますよね。

もちろん例外もあると思いますが、そこが男女の違いです。

男性のこの「役に立ちたい」という欲求を上手に満たしてあげられる女性が、1番モテます。

ちょっとわがままなくらいの女性に、男性は弱いのです。

「○○ちゃんのために、もっとやってあげたい」そう思うのが、男性なのです。

任せるといっても、日常の小さなことでかまいません。重い荷物を持ってもらうとか、電球を替えてもらうとか、部屋に来るときにお水などの生活必需品を買ってきてもらうとか、パソコンのバックアップをとってもらうとか、その程度のことで十分です。

人に任せられるようになると、あなたのマインドに余裕が生まれます。
「何でも自分でやらなきゃ」「がんばらなきゃ」という**無意識下の緊張がなくなり、心がふっと軽くなる**のです。
だんだん自然体でいられるようになりますから、人間関係も円滑になって、男性にも自然に甘えられるようになります。

Chapter 5
"在り方"を変えて「わたし」を
大好きになる

**選択に迷ったら
「美しいと思うほう」
を選ぶ**

わたしたちは毎分毎秒さまざまな選択をしています。
一説によると、わたしたちは1日で3万回も選択しているとか！
人生は選択の連続でできています。
つまり、**あなたの選択しだいで、人生はどんなふうにも変えられる**ということです。
では、どんな選択をしたらよいでしょうか？

わたしがおすすめするのは、**選択に迷ったときに、「美しく感じるほう」を選ぶ**こと。
人としてこちらのほうが美しいな。そう感じられる選択肢をとるのです。

「正しさ」が美しいとはかぎらない

自分をなかなか変えられない頑固なマインドの持ち主は、美しさではなく、つい「正しさ」で選択しようとします。
人として「こうあるべき」を考えてしまうのですね。
でも、それでは愛される女性にはなれません。

美しい選択というのは、たとえば、こんなことです。

- とても急いでいるけれど、信号を無視してしまうよりも待ったほうが美しい。
- 外出先で洗面台を使ったときには、濡れたままにしておくより次の人のために拭いておいたほうが美しい。
- 旅館の部屋を出るときに、乱れたままにするよりも、片づけて出たほうが美しい。
- ゴミはポイ捨てするよりもちゃんと持って帰ったほうが美しい。
- 時間も約束も守ったほうが美しい。

どんなささいなことでも、どちらが美しいかを意識して

選択してください。
良いかわるいかではなく、美しいか美しくないかで決めるのです。こうした**選択の積み重ねが、あなたのマインドを美しくします。**
外見の美しさだけでなく、あなたの在り方そのものを美しくしてくれるのです。

わたしの男友だちで、つい最近、婚約破棄をした友人がいます。理由を聞くと、婚約者の実家に遊びに行った時、スーパーのお惣菜をそのままテーブルに出されたことがきっかけだったそうです。
婚約者のご両親が共働きなのはわかっていたので、お料理を作る時間がなく、スーパーのお惣菜だったのはまったく問題なかったそうです。
彼が嫌だったのは、買って来たお惣菜をきちんとお皿に移さず、そのまま出されたこと。こういう家庭で育った女性に、自分の子どもを教育してほしくないと思ってしまったそうなのです。
え！　そんなことで!?　と思いますよね？
でも、**意識の高い男性は「美しい」「美しくない」で判断する人が多い**のです。

とにかく直感にしたがってみる

最近では、どんな自己啓発本にも「あなたの直感を大切にしなさい」と書いてありますね。
でも、あなたは自分の「直感」がどれだかわかりますか？
ここで言う「直感」というのは、「魂の声／心の声」、つまり「感情」です。

思考よりも感情を優先して

たとえば、「彼はいい人なんだけど、好きになれないんです」というご相談をよく生徒さんから受けます。
これは、「彼はいい人なんだけど」の部分が思考で、「好

きになれない」が感情です。

この人だったら親もよろこんでくれるし、高学歴でいい会社に勤めているし、年収も高いし、性格も穏やかだし、この人を逃したら、もういい人が自分に現れないんじゃないか……。

そう考えてしまうのは「思考」です。
でも、**思考にしたがって判断すると、あまり幸せな結果は得られません。**
心（＝感情）がNOと言っているのに、これまでの経験値から、思考がYESと言っているだけだからです。

それよりも、
「好きか嫌いか」
「一緒にいたいか、いたくないか」
「この人に触れたいか、触れたくないか」
という感情で判断したほうが、恋愛も婚活もうまくいきます。

わからないときは「からだ」に聞く

わたしたち現代人は、脳ばかり使う癖がついてしまっているので、**つねに思考を優先して直感や感情が埋もれがち**です。
そのせいか、「自分の感情にしたがってください」と言っても、「どれが自分の本当の感情かわからない！」という生徒さんが増えています。
そういうときは、**「からだ」に聞いてみましょう。**

「その人に触れられたい？　キスできる？　エッチしたいと思う？」と聞くと、「無理！」とか「できちゃうかも!?」など、一瞬で答えが出るはずです。
それがあなたの感情であり、直感です。
思考は脳に、感情はからだに直結しているのですね。

わたしも経験があります。
デートで男性とカウンターで飲んでいたとき、彼がすっとわたしの方へからだを寄せてきたのです。わたしはそのとき、反射的にからだを離してしまいました。
もしそこで**わたしも彼の方へ自然にからだを寄せられていたら、からだも心（＝感情）もＹＥＳということ。**そ

の人が「好き」ということです。
からだはとっても素直。だから、自分の感情がわからなくなったら、からだに聞くのが1番です！

仕事や転職でも、やはり直感にしたがったほうがまちがいありません。
条件や待遇をすり合わせて思考で納得できたとしても、**肌で感じた雰囲気や「ここ、いいな」という感覚のほうが、正しい場合が多い**のです。

女性はとくに、もともと右脳的な生きものなので、感性の感度も高いはず。だから**自分の感情やからだの感覚にしたがったほうが、良い結果が出やすい**のです。
直感を信じられるようになると、自分自身への信頼感も高まります。
一歩踏み出して行動することも怖くなくなりますから、どんどん活動的になって、自分の幸せを求められるようになりますよ。

過去の自分は変えられる

つらい恋愛や傷ついた別れなど、過去に起きた出来事を引きずってしまったという経験は、きっとあなたにもあるのではないでしょうか。

心理学では、**「過去と他人は変えられないけれど、未来と自分は変えることができる」**と言われます。
でも、わたしは生徒さんに**「変えられないのは他人だけで、過去と未来と自分は変えることができる」**とお教えしています。

少しむずかしく聞こえるかもしれませんが、つまりはこんなことなのです。
過去に起こった事実は、変えられません。でも、そのときにあなたが抱いた感情や解釈は、あとからいくらでも変えられるということ。
たとえば、過去の事実と感情はこんなふうに切り離せます。

19ＸＸ年〇月△日にＡくんがわたしに向かっていきなり「おまえって、むかつくな」と言った。
当時のわたしはその言葉にすごく傷ついて、「男の子なんて大嫌い！」と思った。
でも、自分が大人になってみると、もしかしたらＡくんはわたしのことが好きだったのかもしれないと思えた。そうしたら、あのときの「男の子なんて大嫌い！」という感情は、「男の子ってかわいいな」「素直じゃないな」という甘酸っぱい思い出になった。

過去の事実は変わっていませんが、受け取り方が変わっていますよね。
記憶は、受け取り方や解釈しだいでいくらでも書き換えることができるのです。

事実と感情を混同してしまうと、過去に抱いた感情を引きずって、ずっと男性嫌いだったかもしれません。
でも、**過去に起こった事実をどう受け止めるかは、今の自分が、もう一度決められます。**
これが「マインドを育てる」ということなのです。
大切なのは、起こった事実ではなく、その事実に対してあなたがどう感じ、どう受け取り、どう解釈したかなのですよね。

メッセージを受け取ろう

あなたの身のまわりで起こることや出会う人には、必ず意味があります。
ですから、ある出来事に遭遇したとき、
「この出来事（人）から自分は何を学べるかな？」
「どうしてこの出来事が起きたんだろう？」
「どうしてこの人と出会ったんだろう？」
ということを、自分自身に問いかけてみてください。
そこには必ずメッセージがあります。

自分にとって不都合なことは、つい人のせいにしたり、「運がわるかった」で済ませてしまったり、あるいは

「わたしってダメなんだ」と自分を責めてしまうことがあるかもしれません。

一時的にそうした気持ちになるのは仕方ありませんが、そこで立ち止まってしまうと、マインドを成長させられません。

「この事実は自分に何を教えているんだろう」「何を気づかせたいんだろう」と**自分なりの解釈をして、メッセージを見つけてください。**

そうすることで、あなたのマインドは過去の時点よりもワンランク成長したことになるのです。

「将来が不安です」という声は、レッスンにいらっしゃる生徒さんからもよく聞きます。

1つはっきりしているのは、**"未来を心配している人は、今が充実していない"**ということです。

心配するのは、「今起こっていること」だけにしませんか?

まだ起こってもいない未来を心配しても、何の意味もありません。スーパーポジティブな松岡修造さんもこうおっしゃっています。「自分は起こっていることだけを心配する。起こっていないことは心配しない」と。

前向きな目標を設定する

たとえば、**将来何かあったときのために準備をしておくと、その「何か」が実際に起こってしまう**と言います。
人は、念の力がとても強い生きものです。
とくに女性の念は強力なので、恐怖や不安を抱くと、それが実現しやすくなります。

たとえば、貯金をするにしても、「病気や事故など万が一のことがあったときのため」ではなく、「将来仕事を辞めて自分の好きなことについて勉強したいから」とか「海外で暮らしたいから」など、**前向きな目的のために**おこなってください。
そうしないと、「万が一」が本当に起こってしまう可能性が高まるからです。

今を楽しめば未来も明るくなる

未来は、今日の積み重ねにすぎません。
大切なのは、今日1日、この1時間を、どうやったらよりいいものにできるか集中して過ごすことです。

先のことを心配して今が空っぽになってしまっては、本末転倒です。

今が充実していれば、未来に対して不安になることもなくなります。
今が楽しくて仕方なかったら、未来に対しても明るい考えしか浮かびませんよね。
そして実際、未来は今以上に良くなります。

人生には、自分が対処できることしか起こりません。
目の前に起こるすべてのことは、より幸せになるためのあなたへのメッセージです。
だから余計な心配をせず、今この瞬間をめいっぱい楽しんでください！
人生、楽しんだもの勝ちなのです。

Chapter 5
"在り方"を変えて「わたし」を
大好きになる

ダメな自分も受け入れてあげる

友だちの幸せを心から祝ってあげられない。
すぐ他人に嫉妬してしまう。
いつも自分だけどうして……と感じてしまう。

こうしたネガティブな感情を抱いて、「自分はなんて嫌な子なの」と気落ちすることは、誰にでもあると思います。もっと素直に人の幸せをよろこびたいのにできないと、まるで自分が真っ黒な心の持ち主のような気持ちになるものですよね。

ただ受け止めるだけでいい

でも、そうした感情はなかったことにせず、そのまま受け止めてください。
ネガティブな感情に蓋をしてしまうと、自分の内側にどんどん蓄積して、トラウマになったり、何か行動しようとするときの足かせになってしまいます。

ネガティブな感情や邪念を昇華させるには、いったん感じきるしかありません。
ダメな自分も受け入れる。
それは、**あなたのマインドの受容力を高めることにもつながります。**

具体的には、**「今こんなふうに思っている自分がいるな」と、ただ感じるだけでいい**のです。
「どうしてこんなにネガティブな気持ちになっちゃうの?」とか、「なぜ自分はダメなんだろう」と理由を探ったり、分析したりするのはやめましょう。
苦しくなるだけで意味がありません。

魅力ある自分もダメな自分も、ぜんぶあなたで、どんな

あなたもすばらしい。

弱くてダメダメな自分も受け入れてあげられると、心の奥底から自分を好きになれます。

そして、そのマインドは、大きな受容力で人を愛し、やがてあなたを最大限に愛してくれる最愛の人を引き寄せてくれるのです。

運命は
「自分で変える」
と決める

あなたは、「運命」と「宿命」の違いがわかりますか？
宿命は、自分では変えられないものです。
生まれ持った見た目や身長、骨格や気質、性格、産まれた日時など。

もう1つ変えられないものが、環境です。
自分が生まれてくる環境――シングルマザーのもとに生まれてくる子もいれば、両親がそろっている子もいますし、お金持ちの家に生まれる子もいれば、貧しい家に生まれる子もいる。愛されて育つ子もいれば、虐待されて育つ子もいて、都会に生まれる子もいれば、田舎に生まれる子もいます。

Chapter 5
"在り方"を変えて「わたし」を
大好きになる

運命はマインドの在り方で変えられる

では「運命」はというと、実はこんなふうに表現できます。

「宿命(25%)」+「環境(25%)」+「マインド(50%)」
=
「運命(100%)」

つまり**運命は、生き方しだいでどうとでも変えられる**ということ。
自分が結婚できないことを、いい男がいないから、両親が不仲だから、離婚しているからと環境のせいにしたり、美人に生まれなかったから、また、生まれつきこういう性格だからと、宿命のせいにしたりする人もいます。
でも、運命とは主体的に生きて自分で変えていくもの。それが運命なのです。
だから受け身で生きていれば、受け身の人生になります。ただ待っていても何も変わりません。
今の人生に納得できないのであれば、今のマインドを変えるしか方法はありません。

運命はあなたの手中にあります。
人生に遅いということはありません。気づいたときが変わる時です。
自分らしいマインドで、あなたが1番輝く運命を切り開きましょう！

Chapter 5
"在り方"を変えて「わたし」を大好きになる

執着しているなら、徹底的にやりきる

「今の自分を変えたい！」そう思っても、引きずっていることや手放せないことがあると、なかなか前に進めません。だったら、徹底的にやり尽くしてしまいましょう。執着を手放すには、やりきるのが1番。

女遊びをたくさんした男性は、結婚したらとても良い夫になると言いますよね。それは徹底的に女遊びをやりきって、女遊びに執着がなくなったからなのです。

たとえば、いいなと思っている人や**片思いの相手がいて、その人に未練があって次に進めないのであれば、徹底的にアプローチしましょう。**
ありとあらゆることをやりきるのです。

やりきると手放せる

わたし自身も30代前半の頃、片思いをしている人がいました。
とても大好きで、全力でアタックしたのですが、結局うまくいかなかったのです。
でも、「ここまでがんばってもうまくいかないということは、ご縁がないということね」。そう、ふっきれる瞬間がありました。
そのとき、彼への執着を自然に手放せたのです。
とくに片思いのときは、何もせずにいると未練がずっと残りがちです。
「あのときああすればよかった、こうすればよかった」とぐるぐる考えつづけてしまうのなら、**今すぐ、全部やりきればいいのです。**

わたしのまわりにいる大成功した経営者もそうです。
あり余る富を得て、車や豪邸、高級時計を手に入れて、毎晩一流のお食事とお酒、いい女をはべらせて……、という経験をひととおりやり尽くすと、飽きてしまうのだそうです。
すると今度は物欲がなくなり、悟りのような境地に入り

ます。
ありとあらゆる贅沢を味わい尽くすと、もう魅力を感じなくなり、より本質的なものに目がいくようになるそうです。
物欲という執着から解放されたということですよね。

必ずご褒美がある

ありとあらゆる手を尽くしてやりきると、"神さまからのご褒美"のような素敵なギフトが与えられます。

わたしの場合は、大失恋の2カ月後に彼氏ができました。
前の彼との恋は、何をしてもうまくいかなかったのに、彼への想いを手放したとたんに素敵な男性が現れて、とんとん拍子にうまくいったのです。

すべてをやりきると、がんばった自分に自信もつきます。
やりきった満足感もありますから、「前に進みたい」と自然に思えるようになるのです。
すると予期せず、新しい出会いも訪れるのです。
あなたもぜひ、"神さまからのご褒美"を受け取ってください！

「正しさ」にとらわれない

真面目な人や優等生タイプに多いのが、何をするにも「こうしなきゃ」「こうあるべき」と考えてしまう人。自分のなかの「正しさ」に、すぐとらわれてしまうのですね。

正しさにとらわれていると、相性が合うものがどんどん減って生きづらくなっていきます。自分で自分の選択肢を狭めているからです。

でも、その正しさの基準は、あなたが勝手に決めているにすぎません。**絶対的な「正しさ」なんて、世界中どこを探したって存在しないもの**だからです。

Chapter 5
"在り方"を変えて「わたし」を
大好きになる

自分を縛っているのは自分だけ

自分のなかの「正しさ」を手放せるようになると、とてもラクになります。「なんでもあり！」と思えるようになるからです。
そして、**自分を縛っていたのはほかならぬ自分だったことに気づきます。**

正しさへのこだわりがあまりにも強くなってしまうと、今度は相手を批判するようになってしまいます。**批判の多い人はマインドが育っていないので、自分との違いを受け入れられません。**
マインドが育っていない女性は、視野が狭くて人としても魅力的ではありません。
オープンマインドでどんなものでも受け入れられたほうが、可能性も広がりますし、何より人生が豊かになりますよね。

「正しさ」を疑ってみる

もちろん、自分のなかの軸はあっていいと思います。で

もそれを他人に押しつける必要はありません。
そもそもその軸が本当にあなた自身の軸なのか、「なぜ自分はこれが正しいと思っているんだろう？」と今一度考えてみるのもいいと思います。
もしかしたら、両親からすり込まれた価値観かもしれませんし、社会通念でいいとされているから正しいと思い込んでいるだけかもしれません。

生徒さんのなかにもよくいらっしゃるのですが、他人の目をすごく気にして、コミュニティでの自分の立ち位置や社会通念など、そうした一般常識みたいなものに縛られて苦しくなっている人が、とても多い気がします。でも、わたしからすると、そんなものはどうでもいいのです！
だって**大切なのは、自分がどう生きるか、どれだけ美しく生きられるか、ですからね。**

違いがあるからこそ美しい

もし、**「この人はわたしと考え方が違う」と思ったら、ただ違いを受け入れればいい**と思います。「そういう考え方もあるのね」と。

そもそも、みんな同じであるはずがありません。人は1人ひとり違うからすばらしいのであって、それこそが個性です。まさに、金子みすゞさんの詩にあるとおり。
「みんな違って、みんないい」
みんなそれぞれ違うけれど、それぞれみんな美しいのです。

反対に、**相手から「正しさ」を押しつけられた場合は、聞き流す**ようにしましょう。
仕事では、多少呑みこまなくてはならない場面もあるかもしれませんが、プライベートだったら、右から左へ受け流してしまえばいいと思います。

育った環境や文化、世代などによっても「正しさ」は変わるものです。
いまだに「女性は結婚するのが幸せ」「子どもを産んで一人前」「子育ては女性の仕事」などが正しいと思っている人もいるでしょう。でも、そうした価値観を手放せると、とても自由でラクになるはずです。

心の鎧もはずれるので、他人との距離も近くなります。**どんなことも受け入れられるマインドでいられるようになると、ラクになるのと同時に周囲からも愛される**ようになると思います。

**起きることには
すべて意味がある**

トラブルやアクシデントに見舞われても、悲観しないでください！

先にも述べましたが、**わたしたちの人生で起こることにはすべて、意味があります。**

出会いやライフイベントはもちろん、日常の小さな出来事すべてが、潜在意識や生命の源からのメッセージです。わたしたちにとって必要なことが、まさに必要なときに起こっているのです。

「何を学べるか」を考えてみる

先日、わたしのレッスンを受けて結婚した生徒さんからメールをいただきました。

> これまでいろんな恋愛をしてきて、
> もちろん幸せな恋愛もあったけれど、
> 傷ついて嫌な思いをした恋愛も
> たくさんありました。
> でも、すべては
> 今の旦那さんに会うために
> 必要な経験だったんだ
> ということがわかりました。
> 先生がレッスンで
> 「起きたことにはすべて意味がある」
> とおっしゃっていたことの意味が
> やっとわかりました。

このメールを読んで、本当に感動してしまいました。彼女は最高のメッセージを見つけたのです。

たくさん傷ついていい

多くの女性が、「恋愛で傷つきたくない」とおっしゃいます。
でも、わたしはむしろ、どんどん傷つきましょうと生徒さんにお教えしています。
傷ついた経験は、すべてあなたの栄養になって、それがあなたの魅力になるのですから。

経験が乏しいマインドの薄っぺらな女性なんて、誰も魅力を感じませんよね。
美しく自由な女性は、年齢を重ねるたびに増していく、内面の魅力と人生経験の豊かさで勝負しましょう！

どんどん恋愛をしてたくさん傷ついて、めいっぱいいい女になって、最愛の人に出会ってほしいと思います。

Chapter 6

大好きな人の"最愛の女"
になって思いのままに
生きる

手放したくない女性になる

とってもシンプルな話ですが、**まっとうな恋愛は、まっとうな人でないとできません。**

わたしたちは男女である前に1人の人。**人間として尊敬できる人にならないと、素敵な恋愛はできない**のです。

ひとときの恋だったら、危ない橋を渡ったりすることもあるかもしれませんが、結婚を意識するようになると、男性が女性に求めるものは、やはり変わってきます。
子どもの母親になったときにきちんと育てられる人かどうかや、親や会社の人に会わせたときにうまくやってくれるかなど、人としての度量をはかられるのです。

「五徳本能」が人の器を決める

では、尊敬できる人というのはどんな人でしょうか？
イケメンなど外見が魅力的な人も素敵ですが、長いお付き合いを考えるなら、人間性がやっぱり大切。
そんな「人としてのまっとうさ」をはかるために知っておいていただきたいのが、「五徳本能」という中国の帝王学にもとづく定義です。

智徳（北）　➡　知識／学ぶ姿勢
仁徳（東）　➡　慈愛／見返りを求めない愛
礼徳（南）　➡　礼儀／約束を守る、倫理観がある、
　　　　　　　　目上の人をたてる、挨拶するなど
義徳（西）　➡　義理／人を裏切らない、義理を通す
信徳（中央）➡　信頼／人を信じる力、
　　　　　　　　信頼・信用できる

人としてきちんとしているかどうかは、この五徳本能がバランスよくあるかどうかで見極められます。
男性を見るときも、このポイントを意識してみましょう。

一生つながっていたい人になる

そして、あなた自身はどうですか？
五徳本能をしっかり満たした魅力的な人になれているでしょうか？

> 「人として魅力的で尊敬できる人」
> ＝
> 「マインドのレベルが高い人」

こうした人とは、たとえ恋愛関係ではないとしても、素敵な人間関係を築けます。
互いに尊敬し合っているので、ひとときの関係で終わってしまうことがありません。
恋人になったり、友だちに戻ったり、関係性は変わるかもしれませんが、ずっとつながっていられるのです。

わたし自身も、恋人としては別れてしまったけれど、友だちとして関係性がつづいているという相手が何人かいます。

いわゆる元カレですが、とても信頼し合っているので、今では恋愛や仕事の相談をしたり、悩みごとを聞いてもらったりできる大親友です。

わたしたちが求めているのは、**心から信頼できる相手、信頼し合える関係性**です。
人として魅力的になって、自分をいつでも愛せるマインドを持っていれば、あなたを心から愛してくれる相手と、信頼し合える関係性を築けるようになります。
もちろん、結果的に結婚することだってあるでしょう。

大切なのは、あなた自身が、一生つながっていたいと思われるような「別れても手放したくない女性」になること。
あなたにはその魅力が十分にあります。
だからマインドを大切に育ててください。

Chapter 6
大好きな人の"最愛の女"
になって思いのままに生きる

「本物」に触れて
直感を磨く

愛し愛されるマインドを育てるためにとても重要なのが、「直感力」です。直感＝感情でもあります。
直感力が高まると、「好き」「嫌い」「心地良い」「不快」など、自分の感覚がはっきりします。
感性・感覚が研ぎ澄まされて、人や出来事に対する感度が上がるのですね。
だから、自分にとって大切なこと（人）なのかそうでないのかなど、人生での選択がパッとしやすくなるのです。

五感をフル活用する

直感力を高めるために、「本物」にたくさん触れましょう。
美輪明宏さんもよくこうおっしゃっています。「本物になりたかったら、本物に触れなさい」と。
ポイントは、**五感をフル活用する**ことです。
本物を「見て」、本物を「聴いて」、本物に「触って」、本物を「嗅いで」、本物を「味わって」ください。

たとえば音楽なら、CDではなく生演奏を聴きます。
食べものは添加物や保存料などが入っていないものを食べ、お洋服も化繊ではなくシルクやカシミヤなどの上質なものを着て、もちろんブランド品もまがい物ではなく本物を身につけます。
芸術やアートを見るなら、美術館で実物を見たほうがいいですし、演劇やミュージカル、歌舞伎や落語など、本物の伝統芸能に触れるのもいいと思います。
レストランに行ったり旅行に行ったりするときも、今流行のお店やホテルではなく、昔ながらの老舗や格式あるホテルや旅館など、歴史のあるところを意識して選ぶようにしましょう。
もちろんお酒も上質なものを味わうのがよいですし、安

いコロンではなく高級な香水を身にまとったほうがいいと思います。
山や海へ行って、全身で自然を感じるのもいいですね。

日常的に直感を使ってみる

また、ふだんから自分の**五感をフルに使うように意識すると、直感力がさらに鍛えられます。**
たとえば、スーパーに行ってどのトマトを買おうかなと迷ったとき、あなたはどんなふうに選びますか？
固さや色を見ておいしそうなものを選ぶことが多いかもしれませんね。

直感を使った選び方というのは、
「わたしに食べてほしいトマトはどーれだ？」
という気持ちで眺めて、「これだ！」と思ったものを選ぶのです。
ちょっとびっくりでしょうか？
でもスピリチュアルなお仕事をされている方たちは、みなさんこうやって直感力を鍛えているのですって！

よく、ビジネスで成功する人はメニューを決めるのが早

いと言いますが、おそらく直感が働いて、自分が食べたいものがすぐにわかるのでしょうね。

「昨日お肉を食べたから今日は魚かな」とか、「カロリーが高いからこっちにしよう」というのは、思考で、頭で考えてしまっています。

「今これが食べたい！」というのが直感です。

遊び感覚で楽しみながら、五感を存分に使って直感力を高めていきましょう。

つづけていると自分の選択や決断に迷いがなくなるので、自分自身への自信にもなります。

もちろん、出会う人に対しても直感が働くようになりますから、あなたにとって最高の出会いを引き寄せることにもつながるはずです。

Chapter 6
大好きな人の"最愛の女"になって思いのままに生きる

118ページでデトックスとしてこれまでの人間関係を断捨離したら、今度は新しい友だちを積極的につくりましょう。その際のポイントは、**新しい友だちは"自分と異質な人"を意識して選んでみる**ということ。

同性で同世代で、同じようなバックグラウンドで育った人ではなく、あなたがこれまでにかかわったことのないような"違う"環境にいる人と接してみましょう。

1番おすすめなのは、働く業界がまったく違う男性。
消防士、自衛隊、会計士、弁護士、医師などの専門職の人。また年齢が極端に離れた人もいいと思います。学歴

の違う人や海外の方なんかもいいですね。
他には、あかちゃんや小さい子どもも、まったく異質な存在ですよね。
なかなか自分の思いどおりにならない相手ですから、学びがたくさんあると思います。
老人ホームなどのボランティアに行くのもいいでしょう。

これまでと真逆の選択をしてみる

とくにおすすめなのが、**年下男性とお付き合いしてみること。**「わたしは年上男性じゃなきゃダメなの」と思っている人にこそ、おすすめです。

これまで付き合ってきた男性とは真逆のタイプと付き合ってみる。そうすると、今まで出会わなかった価値観に触れられます。
そして、それが**人としてのあなたの魅力の振り幅にもなる**のです。

自分と異質な人との出会いは、自分の凝りかたまった価値観なり社会通念なりをガラガラと壊してくれます。
いい意味でカルチャーショックを受けて、「多様性」を

身をもって感じられるのですね。
その結果、**あなたのマインドはさらに自由になって、あらゆる可能性を吸収できる受容力を得られます。**
ですから自分と異質な人にどんどん出会って、まだ見ぬあなたの新たな魅力を、ぜひ開拓していってほしいと思います。

両極端を楽しむ

「意外性」は人を魅了する

マインドの幅を広げるためにもう1つ、おすすめしたいのが、**「両極端なことをして楽しむ」こと。**

人って、実はギャップがあるほうが魅力的。
人としての振り幅が大きければ大きいほど、チャーミングなのですね。
わかりやすく言うと、たとえばロブションなど超一流のフレンチも楽しめるけれど、赤ちょうちんの立ち飲み屋も楽しめる、というようなこと。
その意外性が、人としての魅力につながります。
だから意識して、両極端を楽しみましょう。

Chapter 6
大好きな人の"最愛の女"
になって思いのままに生きる

中庸が1番おもしろくありません。中途半端だからです。

バックパッカーでの旅もするけれど、一流ホテルにも滞在する。
お弁当を持ってお金を使わない公園デートも楽しめるけれど、夜景のキレイな高級レストランでセレブなデートも楽しめる。
ハイブランドで最上級のドレスアップもできるけれど、ユニクロも着こなせちゃう。
ふだんはきちんとしていてしっかり者なのに、すごく甘えん坊になるときもある。

その**ギャップに、人は魅了される**のです。

男性はギャップが好き!?

両極端を楽しめると、経験値もぐんと上がるので自分のなかの引き出しが増えます。

マインドの受容力も高まりますから、何かトラブルが起きたときにも目の前の出来事をすっと受け入れて、自分の糧にできるようになるのです。

だから **人生そのものが、より豊かに
なっていきます。**

だって、ちょっとつまらないと思いませんか？
つねに小ギレイな格好をしていて、居酒屋なんかにデートで連れて行かれたら「わたしはそんな安い女じゃないわよ！」とあからさまに不機嫌になったりする女性って……。
そういう女性よりも、高級レストランでテーブルマナーもそつなくこなせるけれど、赤ちょうちんでおじさんたちに紛れて煙もくもく、焼き鳥を食べるのも好き、という女性のほうが、人として断然、魅力的ですよね。

男性は、そうしたギャップのある女性が好きだと思います。
というのも、わたしが赤ちょうちんやガード下が好きだと言うと、すごくモテるのです。
「全然そんなふうに見えないですけど、本当ですか？
ぜひ一緒に行きましょう！」と毎回誘われます。

ふだんの印象では、そういう飲み屋には行かず、洒落たお食事しかしないように見えるのに、実際は両方楽しめ

Chapter 6
大好きな人の"最愛の女"
になって思いのままに生きる

てしまう。同じ女性から見ても、そういう人ってカッコイイですよね。
美しく自由な女は、欲張りだからこそ両極端を楽しむのです！
ぜひふだんから意識して、ギャップを楽しんでみてください。

**初体験を
たくさんする**

いよいよラストの項目になりましたね。
あなたのマインドを日々磨いていくために意識してほしいことがもう1つ。それは、**「未経験のことにいつもチャレンジする」**ことです。
初体験を日々、たくさんしていただきたいのです。
できれば毎日、初体験をしましょう。
どんなことでもかまいません。

たとえば、食べたことのない新商品のお菓子を食べてみるとか、違う道から自宅に帰ってみるとか、入ったことのないお店に立ち寄ってみるとか、いつもと違う乗り換えルートを使うとか、あるいは友だちと一緒に世界各国

の料理を食べる会を開催する……など、身近なところでできる小さな初体験でいいのです。

初体験の積み重ねが人生を変える

「出会いがない……」と、みなさんよくおっしゃいます。
でもそれって、毎日同じことしかしてないからでは⁉ と思うのです。

自宅と会社の往復しかしておらず、休日に行く場所もだいたい決まっている。それでは何の変化もないし、新しい出会いもあるわけがありません。
あなたの人生はあなたの自由なのに、なんてもったいないことでしょう！

世の中の道理として、同じことをしていると、同じエネルギーで同じようなことが返ってきます。
毎回異なることをしてみると、毎回違うエネルギーが出ますから、毎回違うものが返ってきます。
この世界はそんなふうにできています。
ですから毎日**小さな初体験をつづけていると、やがて大きな変化につながる**のですね。

実際、婚約破棄後のわたしがそうでした。
既にご紹介したように、それまでと真逆の選択をし、毎日初体験を重ねていったので、今や、当時とはまったく違う、別の人生です。
専業主婦を夢見ていたわたしが、今では経営者でバリバリ働いているなんて！　自分でもびっくりです（笑）。

自分を磨く最高のツール

それに、**毎日新しい体験をしていると、いつまでも若々しくいられて老けません！**
逆に、同じことばかり繰り返していると刺激が少ないので、脳も老化します。
ですからアンチエイジングだと思って、わたしは毎日のように意識して新しい人に出会うようにしています。
究極的には、恋人探しも婚活も、自分を磨くツールの1つだということです。

人は人によってしか磨かれませんから、どういう人と出会って、どういう人と付き合うかで、あなた自身が変わっていきます。
毎日たくさんの初体験をすることで、マインドもコミュ

ニケーション能力も、ものすごく鍛えられます。
新しい人に会えば会うほど度胸もついて、経験値も増え、女性としても人としても磨かれていくのです。

あなたの人生は、あなた自身のもの。
強く願って一歩を踏み出せば、あなたがほしいものはすべて手に入ります。
一度きりの人生、愛もお金もすべて手に入れて、美しく自由に生きましょう!

おわりに

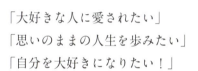

最後までお付き合いくださり、本当にありがとうございました。
いかがでしたでしょうか？

「大好きな人に愛されたい」
「思いのままの人生を歩みたい」
「自分を大好きになりたい！」

そんな想いを胸に本書を手にとって下さったあなたも、"大好きな人の最愛の女性"になり、"愛もお金もすべて手に入る美しく自由な女性"になることが可能です。

本書は、読み進めることでもマインドが高まるように執筆しています。
ですから、本書を読み終えたあなたは、マインドが少し高まったことを実感されているのではないでしょうか？
こうして「マインド」を育てていければ、自分を大好きになり、胸を張って自分の人生を生きることができるようになります。

すると、"あなたを心から愛する人"も"お金"も、これからのあなたの人生に必要なものはすべて、自然に引き寄せられるようになるのです。

すべてはあなたの「マインド」しだい。
人生はあなたの思いのままです！

悩みを抱えながらも一生懸命にがんばる、日本全国のたくさんの女性たちに、少しでもそのことをお伝えしたく、思いを込めて本書を書きました。

本書が1人でも多くの女性に届き、少しでもお力になれたら、これ以上のよろこびはありません。

もっともっと深く知りたい！　という方のために、毎月サロンにて少人数制の体験会も開催しています。ぜひお気軽に遊びにいらしてくださいね。
皆さまにお会いできますことを、心から楽しみにしております。

最後までお読みいただいたみなさまへ、感謝の気持ちを込めて「読者限定プレゼント」もご用意しました！
詳しくは次のページをご覧くださいね。

読者のみなさま、そして生徒のみなさまが、本来の輝きを取り戻していかれる姿は、私のパワーの源です。
本書があなたの人生を一変させるきっかけとなることを願っています。

愛と感謝をこめて。

2015年10月　澤口珠子

読者限定プレゼント

最後まで読んでくださり、ありがとうございます！
本書をお読みくださった読者さんへ
感謝の気持ちを込めて、
限定のプレゼントをご用意いたしました。

実は、お伝えしたいことがたくさんありすぎて、
本書に載せきれなかった『幻のページ』があります。

感謝の気持ちを込めて、
その『幻のページ』や
澤口珠子の『動画レッスン』、『メールレッスン』など
を無料でプレゼントいたします！

ぜひ今すぐアクセスして、
プレゼントをゲットしてくださいね。

http://www.sawaguchitamako.com

または、「澤口珠子ホームページ」で
検索してください♪

またお会いできることを楽しみにしております！

澤口 珠子
（さわぐち たまこ）

スフィアロココス株式会社　代表取締役社長
イメージコンサルタント、女子力アップ・婚活コンサルタント
3年間アメリカ、1年間スウェーデンに留学。帰国後6年間、世界第1位の外資系医薬品開発会社にて、外国人エグゼクティブの営業活動をサポートする。婚約破棄の経験をきっかけにイメージコンサルティングとコーチングを学び、2008年フロリダにてAICI認定国際イメージコンサルタント試験に合格（2010年AICI退会）。現在日本でただ1人、婚活に特化したイメージコンサルタントとして、独身男女の「外見磨き」「異性心理」「コミュニケーション」をわかりやすく解説。理想のパートナーを引き寄せるノウハウを伝えている。主宰する少人数制レッスンの1期生は、全員1年以内に結婚が決定。毎月開催している体験会には、全国から参加者が集まる。2014年にはサロンに通えない地方在住の女性のために、世界で唯一の婚活通信講座「婚活美人オンラインカレッジ」を立ち上げ、多くの女性にそのメソッドを伝授している。
著書は『1年以内に理想の自分で理想のパートナーを引き寄せる魔法のレッスン』（かんき出版）、『素直になれない大人女子が結婚するための5ステップ』（大和書房）など多数。
毎朝8時にメールが届く「1日3分！　読むだけで婚活美人に365の魔法のレッスン」（無料）も好評配信中。

♥澤口珠子ホームページ
　http://www.sawaguchitamako.com/
♥婚活美人.COM
　http://konkatsu-bijin.com/
♥婚活美人オンラインカレッジ（婚活通信講座）
　http://konkatsu-college.com/

澤口珠子からあなたのもとに365日間、
毎日メールレッスンが届きます。

私がサロンでお教えして、
確固とした実績を生んでいるこのメソッド。
（レッスン1期生は全員1年以内にゴールイン、
しかも全員アラフォー女性です！）

これらをギュッと凝縮して、
毎日1通ずつ、たった3分で読んで学べる
【365の魔法のレッスン】（無料）にて大公開！

毎日届くレッスンを開いて、読むだけ。

さぁ、あなたの未来を変える一歩を
一緒に踏み出しましょう！

出会ってくれたあなたに感謝を込めて贈ります。

こちらからお受け取りください。

QRコード
↓

QRコードが読み取れない方は
「婚活美人.COM」で
ネット検索してくださいね。

2015年 11月 2日	初版発行
2015年 11月 11日	2刷発行

著　者	澤口　珠子
発行者	野村　直克
編集協力	山本　貴緒
装丁	廣田　敬一（ニュートラルデザイン）
本文デザイン	土屋　和泉
写　真	iStockphoto.com/Persians shutterstock
発行所	総合法令出版株式会社 〒103-0001 東京都中央区日本橋小伝馬町15-18 ユニゾ小伝馬町ビル9階 電話　03-5623-5121（代）
印刷・製本	中央精版印刷株式会社

ⓒ Tamako Sawaguchi 2015 Printed in Japan　ISBN978-4-86280-474-7
落丁・乱丁本はお取替えいたします。
総合法令出版ホームページ　http://www.horei.com/

本書の表紙、写真、イラスト、本文はすべて著作権法で保護されています。
著作権法で定められた例外を除き、これらを許諾なしに複写、コピー、印刷物
やインターネットのWebサイト、メール等に転載することは違法となります。

 視覚障害その他の理由で活字のままではこの本を利用出来ない人のために、営利を目的とする場合を除き「録音図書」「点字図書」「拡大図書」等の製作をすることを認めます。その際は著作権者、または、出版社までご連絡ください。